Sabina Pilguj: Kinder fördern mit täglichen Denkanstößen

vianova
Verlag Via Nova

Sabina Pilguj

Kinder fördern mit täglichen Denkanstößen

Mutmachende Impulse und Lebenshilfen für jeden Tag des Jahres mit Affirmationen

vianova
Verlag Via Nova

1. Auflage 2009
Verlag Via Nova, Alte Landstr. 12, 36100 Petersberg
Telefon: (06 61) 6 29 73
Fax: (06 61) 96 79 560
E-Mail: info@verlag-vianova.de
Internet: www.verlag-vianova.de / www.transpersonale.de
Umschlaggestaltung: Guter Punkt, München
Satz: Sebastian Carl
Druck und Verarbeitung: Fuldaer Verlagsanstalt, 36037 Fulda

ISBN 978-3-86616-147-4

Dieses Buch gehört

. . . .

Widmung

Dieses Buch widme ich meinem Sohn Ricardo, der vor einigen Jahren an der Entstehung mitgewirkt hat. Ohne seine Impulse, Anregungen und Kritiken hätte dieses Buch so nicht entstehen können.

Es ist für ihn und für die Kinder dieser Welt
in Liebe geschrieben geworden .....

Die Kinder von heute sind die Zukunft von morgen.

Inhalt

Danksagung

Ich danke von ganzem Herzen meinem Mann Frank, dass er mir immer genügend Freiraum geschaffen hat, um an meinen Büchern arbeiten zu können. Ich weiß seine Unterstützung, liebevolle Motivation und sein mühevolles Korrekturlesen sehr zu schätzen. Ich danke ihm ganz besonders, weil er eine wichtige Stütze in meinem Leben ist und wir zusammen ganz viel gemeinsam lernen sollen.

Ein großer Dank gilt meinem Sohn Ricardo für all seine Impulse, Anregungen, Unterstützung und Kritiken. Durch so manche Herausforderung hat er mir gezeigt, „die Kinder von heute" mit anderen Augen zu sehen. Ich bin sehr glücklich, so einen tollen Sohn als „Geschenk" bekommen zu haben. Ricardo, so, wie du bist – bist du einfach genial.

Ich danke allen Kindern, denen ich in meinen Kinderyogakursen und Seminaren etwas mit auf ihren Lebensweg geben durfte. All diese besonderen Kinder waren und sind meine Lehrmeister für das Verständnis der Kinder von heute.

Ich danke auch allen Menschen und Tieren, die mich auf meinem Weg begleitet und mich immer neu inspiriert haben oder einfach an meiner Seite waren.

Juni 2001/Januar 2009

1. Januar

Neujahr

Heute ist der 1. Tag eines neuen Jahres.

Das alte Jahr ist zu Ende gegangen und ein neues Jahr hat begonnen.

Die meisten Menschen feiern Silvester. Sicherlich hast du dich auch vom alten Jahr mit einer Feier oder mit einem Silvesterknaller um Mitternacht verabschiedet.

Niemand muss traurig sein, wenn das alte Jahr um Mitternacht verabschiedet wird, denn das neue Jahr beginnt ja sofort mit der ersten Minute nach Mitternacht.

In unserem Leben ist es manchmal auch so, dass wir uns von etwas verabschieden müssen, und es macht uns traurig. Es ist aber gut zu wissen, dass nach jedem Abschied oder Ende auch immer etwas Neues folgen kann.

Wenn man darum weiß, dann darf man ruhig etwas traurig sein, wenn es heißt, Abschied zu nehmen. Danach darf man sich aber auch sofort auf das Neue, das Kommende freuen.

Sei offen und freue dich auf das, was kommt.

2. Januar

Worüber hast du dich gefreut?

Worüber hast du dich *heute* gefreut?

Es gibt täglich in deinem Leben immer etwas, worüber man sich freuen kann – und darf!
Viele Kinder und Erwachsene laufen manchmal mit so einer griesgrämigen Miene herum, sie sehen aus, als hätten sie Essig getrunken. Sie schauen verknittert und finster aus, sie wirken schlecht gelaunt und verbreiten dann auch noch eine negative Stimmung.

Das Leben kann doch so schön sein, und es gibt wirklich täglich viele Dinge, über die man sich freuen kann! Vielleicht ist auch heute so ein Tag, an dem alles schiefzulaufen scheint. Oder du hast gerade einen Schnupfen und du fühlst dich etwas krank, dennoch gibt es trotzdem immer etwas Positives, worüber du dich freuen kannst. Dein ganzes Leben ist ja nicht gleich negativ. Man muss es sich nur richtig bewusst machen und darüber nachdenken.

Einige Beispiele:

- es geht dir gut, die Sonne scheint,
- du hast heute viel Spaß in der Schule gehabt,
- es gab ein ganz besonderes Mittagessen,
- jemand hat dir eine Freude gemacht,
- du hast etwas besonders Schönes gesehen oder erlebt.

Das sind ein paar Beispiele von Kleinigkeiten, über die man sich im Leben freuen kann, die aber leider oft nicht als wichtig angesehen werden. Aber gerade diese Kleinigkeiten sind etwas Besonderes.

Das Wichtigste ist aber, worüber man sich wirklich freuen sollte:

– *sei einfach glücklich darüber, dass du gesund bist,*
– *dass du lebst und hier mit uns auf der Welt sein darfst!*

Denke ab sofort einmal am Tag ganz bewusst daran, was dich erfreut hat.

Also, worüber hast du dich *heute* gefreut?

....

....

....

(Stelle diese Frage auch deinen Eltern, denn auch sie sind sich oft nicht darüber im Klaren, worüber sie sich gefreut haben und dass es immer einen Grund zum Freuen gibt!)

Freue dich gerade heute über etwas.

3. Januar

Drache oder Löwe?

Jeder Mensch hat einen kleinen wilden, ungezähmten, feuerspeienden inneren Drachen in sich. Damit sind die Momente gemeint, in denen man wütend, bockig oder schlecht gelaunt ist. Du kennst auch bestimmt solche Gefühle in dir, wenn dein kleiner innerer Drache tobt, oder?

Das Gegenteil von diesem wilden, ungezähmten, feuerspeienden Drachen ist der starke, anmutige, in sich ruhende und auch sanfte Löwe. Der Löwe wirkt oft sehr entspannt. Nur wenn es wirklich wichtig ist, zeigt der Löwe seine Kraft und dann kann er auch laut brüllen und seine Zähne zeigen.

Kennst du den Löwen auch in dir?

Es ist wichtig, den ungezähmten und wilden Drachen ganz langsam immer mehr in den Löwen zu verwandeln. Wenn du gerade in einer „Drachenzeit" bist, verschwende nicht unnötig deine Energie damit, wütend zu sein oder lange herumzubocken.

Denke an den Löwen und wäge genau ab, was jetzt wichtig ist.

Dies bedeutet nicht, dass du deine Gefühle wie Wut und Ärger unterdrücken sollst. Gefühle auszudrücken ist wichtig. Aber man sollte nicht immer nur wütend sein und herumtoben, sondern auch an den Löwen denken, *der seine Kraft gezielt einsetzt*, einmal kräftig brüllt – und dann ist es gut.

Lerne immer mehr, wie ein Löwe zu reagieren.

Sei ein anmutiger, stolzer und in sich ruhender Löwe (der manchmal auch kräftig brüllen kann).

4. Januar

Ein schöner Tag beginnt

Beginne jeden Tag mit einem positiven Gedanken.

Noch bevor du aus dem Bett steigst, recke und strecke deinen Körper; gähne und lächle einmal so richtig von Herzen und denke:

„Heute wird ein schöner Tag, ich freue mich schon drauf."

Der Tag beginnt so mit einem schönen und positiven Gedanken.

Springst du aber schon schlecht gelaunt aus dem Bett, schaust griesgrämig drein, dann wird es auch ein „Miesepetertag". Du ziehst diesen „Miesepeter" in dir ja förmlich an.

Willst du es wirklich?

Kein Miesepeter-Tag heute, sondern denke an deine Botschaft:

Heute wird ein schöner Tag, ich freue mich schon drauf,
lächle und freue dich: *Es wird ein schöner Tag.*

5. Januar

Schimpf dich frei

Ärgere dich nicht zu sehr, wenn deine Freunde, Eltern oder andere Menschen mit dir (ungerechterweise) schimpfen. Vielleicht gibt es einen Grund dafür, oder diese Menschen haben einfach nur schlechte Laune.

Natürlich ist es leicht gesagt: „Ärgere dich nicht zu sehr", aber Ärger sorgt in deinem Körper für unangenehme Gefühle. Am besten versuchst du deinen Ärger nicht länger mit dir herumzutragen, und lasse es auf keinen Fall zu, dass deine „Wutteufel" den ganzen Tag in deinem Bauch herumtoben und dir unangenehme Gefühle bereiten.

Schimpfe einfach einmal mit allen Schimpfworten, die du kennst, in deinem Zimmer ganz kräftig für eine Minute herum. (Aber nicht *zu* laut, damit du deine anderen Familienmitglieder nicht zu sehr störst.) Lass deinen ganzen Ärger und deine Wut raus.

Du kannst auch einfach deinen ganzen Körper kräftig schütteln und dir dabei vorstellen, wie du deine Wut abschüttelst.

Nach kurzer Zeit wird deine Wut aus deinem Bauch heraus sein, der Ärger ist verflogen und es geht dir wieder gut.

Lass alle „Wutteufel" raus und schimpf dich frei, dann fühlst du dich wieder gut.

6. Januar

Was du gibst, kommt auch zu dir zurück

Das ist ein Spruch der weisen Yogis. Sie meinen damit, dass das, was du alles Gutes tust oder verschenkst, auch irgendwann einmal wieder zu dir zurückkommt. Damit ist aber nicht gemeint, dass du, wenn du zum Beispiel einen Euro verschenkst, dann 10 Euro zurückbekommst. Verschenken hat nicht immer etwas mit materiellen Dingen zu tun. Wenn wirklich jemand in finanzieller Not ist, darfst du natürlich gerne auch einmal einen Euro spenden.

Verschenke jeden Tag ein wenig Fröhlichkeit, Freude und Liebe aus deinem Herzen. Sage etwas Nettes (aber nur, wenn es ehrlich gemeint ist), sei hilfsbereit oder verschenke einfach nur ein Lächeln…

Das, was du mit den Menschen und der Mutter Erde teilst, das bekommst du auch 10-fach zurück; lächelst du – dann werden dich auch viele Menschen anlächeln.

Denke daran: Verteile deine Freude und Fröhlichkeit, und du bekommst sie zurück.

7. Januar

Kleine Schneeflocken

Schneeflocken fallen vom Himmel. Sie sammeln sich auf den Ästen eines Baums….

Wenn du manchmal denkst, ich kann doch nichts an einer Situation ändern, dann denke an folgendes Beispiel:

Beobachte die Schneeflocken, wie sie leise und sanft auf eine Tanne fallen. Eine einzelne Schneeflocke ist so superleicht, dass man sie fast gar nicht wiegen kann…..
Aber die Schneeflocken werden mehr und mehr. Irgendwann sind so viele kleine Schneeflöckchen auf die Tanne gefallen, dass die Tannenzweige die Last nicht mehr tragen können, und sie werden durch das große Gewicht der vielen Schneeflocken einfach heruntergedrückt.

Genauso wie all die kleinen Schneeflocken kannst du dazu beitragen, gemeinsam mit deinen Freunden etwas zu verändern, was euch nicht gefällt.

Du musst dich nur mit Freunden zusammentun, *gemeinsam* seid ihr stark genug, etwas zu verändern.

Denke immer an die Schneeflocken – eine einzelne Schneeflocke kann wenig bewirken, ganz viele Schneeflocken zusammen sind richtig stark.

Sei nicht träge, trage etwas bei.

8. Januar

„Ich bin glücklich, ich bin gut"

Wann immer es dir nicht so gut geht oder du dich nicht gut fühlst, wiederhole ein paar Mal für dich alleine diesen Satz.

Dieser Satz oder diese Botschaft schenkt dir eine positive Energie und macht dich wieder glücklich.

So, wie du bist, bist DU gut, und du darfst jederzeit glücklich sein.

Versuche dir diesen Satz so oft wie möglich selber zu sagen, damit du ihn auch richtig verinnerlichen (und glauben) kannst. Diese Botschaft wird dich stärken, und dann können dich andere Menschen auch nicht so leicht aus dem inneren Gleichgewicht bringen.

DU BIST GUT – und DU DARFST GLÜCKLICH SEIN.

Denke immer an deine Botschaft und sage dir:

ICH BIN GLÜCKLICH, ICH BIN GUT.

9. Januar

Bleib dir selber treu

Tu wirklich nur das, was du auch wirklich tun möchtest.

Lerne auf deinen Körper zu hören und die Signale zu verstehen.

Tu keine Dinge, die dir unangenehm sind oder die du ablehnst, nur weil deine Freunde es von dir verlangen. Freunde, die so etwas verlangen, sind keine echten Freunde. Echte Freunde akzeptieren deine Meinung und mögen dich so, wie du bist, und verlangen nicht von dir, etwas gegen deinen Willen zu tun.

Also, lass dir niemals etwas aufzwingen und tu nur, was DU auch wirklich tun möchtest.

Bleib dir selber treu!

10. Januar

Schutzengel

Jedes Kind auf dieser Welt hat von Geburt an einen Schutzengel. Er begleitet dich durch das Leben und ist stets an deiner Seite. Er wird dir in brenzligen Situationen immer zur Seite stehen. Auch wenn du deinen Schutzengel nicht sehen kannst, weil er unsichtbar ist, ist er immer bei dir. Mit der Sekunde deiner Geburt ist auch dein Schutzengel mit auf die Welt gekommen.

Glaube an deinen Schutzengel, und wenn du seine Hilfe brauchst, dann sprich mit ihm. Er wird nicht deine Aufgaben und Pflichten erfüllen oder übernehmen, aber er achtet in gefährlichen Situationen auf dich.

Wenn du bei einer Entscheidung seine Hilfe brauchst, dann bitte deinen Schutzengel um Unterstützung. Vielleicht bekommst du ganz plötzlich eine Idee oder einen Gedanken zu deiner Frage oder Entscheidung....

Wisse, dein Schutzengel ist immer bei dir.

11. Januar

Danke

Danke für jeden neuen Tag.
Danke für deine Gesundheit.
Danke der Mutter Erde.
Danke deinen Eltern.

Danke ....

Danke, und sei für alles, was dir an Schönem im Alltag und im Leben begegnet, dankbar.

12. Januar

Strahlende, goldene Sonne

Male dir auf einem Blatt Papier eine strahlende, goldene Sonne. Hänge sie dann in deinem Zimmer auf. (Du darfst die Sonne so malen, wie sie dir gefällt!)

Erinnere dich daran, dass du auf die Welt gekommen bist, um jederzeit auch so zu strahlen.

Von innen heraus zu strahlen bringt auch deinen ganzen Körper zum Strahlen und er wird von positiver Energie durchflutet. Innerlich zu strahlen verleiht dir auch eine ganz besondere Ausstrahlung. Du wirkst richtig strahlend und irgendwie besonders. Es wird dich fröhlicher machen und trägt zu deiner Gesundheit bei.

Versuche so oft zu strahlen wie die Sonne.

Beginne jetzt und strahle.

13. Januar

Verändern

Möchtest du etwas an dir verändern?

Beispiele, was man verändern könnte:

- nicht mehr so viel zu schimpfen,
- zu Hause mehr zu helfen,
- in der Schule aufmerksamer zu sein usw. …

- ……………………………………………………

Wenn du einmal genau nachdenkst, findest du bestimmt etwas, was du gerne positiv an dir verändern möchtest. Denk darüber nach, was dir einfällt.

Schiebe es aber nicht so lange vor dir her. Mache es dir bewusst, schreibe es dir zur Erinnerung auf einen kleinen Zettel.

Kleiner Tipp: Du kannst ja sofort damit beginnen, etwas zu verändern – du musst es nur wollen!

Ab jetzt kannst du sofort etwas verändern. Beginne einfach.

14. Januar

Ich kann (nicht)

„Ich kann nicht" – diese Worte solltest du möglichst aus deinem Leben streichen.

Sag einfach: Ich kann es *noch* nicht.

Sei nicht schon im Voraus so negativ eingestellt und habe nicht solche Gedanken wie: „Ich kann es sowieso nicht und es klappt ja doch nicht."

Finde niemals etwas zu schwierig. Probiere es immer erst einmal aus, und wenn es dann noch nicht so richtig klappt, dann lass dich durch andere nicht entmutigen.

Du weißt genau: „Ich kann es noch nicht, aber bald kann ich es!" Versuche es weiter und übe.

Wenn du etwas wirklich willst, dann kannst du es auch.

Denke daran: Ich probiere es aus. *Ich kann, was ich will.*

15. Januar

Sei mutig

Wenn ein Mensch mit dir so umgeht, wie du es überhaupt nicht magst oder möchtest, dann sage es ihm bitte. Egal, ob es deine Eltern, Verwandte, Lehrer, Freunde oder Mitschüler sind, du musst dir nicht einfach so alles gefallen lassen.

Zu schweigen, alles hinzunehmen und nichts zu sagen bedeutet, dass die anderen Menschen gar nicht wissen oder merken, wie ungerecht sie mit dir umgehen. Es bedeutet auch, dass du alles schweigend hinnimmst und den anderen Menschen damit auch die Erlaubnis gibst, dich so zu behandeln.

Nimm niemals alles einfach so hin. Sei mutig und sprich darüber, was dir nicht gefällt.

Sei mutig!

16. Januar

Tränen

Bist du einmal sehr traurig, dann erlaube dir zu weinen.

Egal, ob du ein Junge oder Mädchen bist, Weinen tut gut. Jedes kleine Tränchen spült deine Traurigkeit ein wenig mehr aus deinem Körper. Weinen tut einfach gut und ist wichtig. Es ist wie eine innere Dusche für deinen Körper und nach der inneren Reinigung fühlst du dich wieder gut, leicht und total befreit von deiner Traurigkeit. Dein Körper, dein Geist und deine Seele brauchen deine Traurigkeit nicht mehr mit sich herumzutragen, deshalb auch das befreiende Gefühl nach dem Weinen.

Bestehe darauf, weinen zu dürfen, und lass dich dann auch trösten.

17. Januar

Deine Rechte

Auch wenn du ein Kind bist, hast du ein Recht darauf, dass man deine Meinung akzeptiert, dir zuhört, wenn du etwas mitzuteilen hast, und dass man dich auch ernst nimmt.

Was du denkst und fühlst, ist sehr wichtig.

Es ist wichtig für dich, deine Familie, deine Freunde und deine Umwelt.

Teile der Welt mit, was immer dich bewegt und was dir wichtig ist. Es ist so wichtig, weil du ein Teil dieser Welt bist.

***Es ist dein Recht,* dass du dich immer mitteilst.**

18. Januar

Achte auf deine Gesundheit

Achte immer auf deine Gesundheit.

Sei niemals leichtsinnig. Gehe zum Beispiel im Winter nach dem Schwimmen nicht mit nassen Haaren nach draußen.

Achte auf eine gesunde Ernährung und iss nicht allzu viel Süßes. Zu viele Süßigkeiten schwächen dein Nervensystem, schaden deinen Zähnen und programmieren deinen Körper darauf, immer wieder Süßes zu essen. Viel Süßes kann dich auch ganz schwerfällig machen und deine Konzentration vermindern.

Trinke reichlich Wasser, dein Körper kann sonst nicht funktionieren.

Bewege dich viel an der frischen Luft und lache oft. Das hält dich gesund.

Deine Eltern versuchen dir immer Unterstützung zu geben, aber sie sind nicht immer an deiner Seite, also:

Du allein bist für deine Gesundheit verantwortlich.

Also achte auf deine Gesundheit.

19. Januar

Entspanne

Einmal am Tag erlaube dir, für ein paar Minuten Entspannung zu haben.

Suche dir einen ruhigen Platz, wo du auch nicht gestört wirst (vielleicht in deinem Zimmer). Schalte alle Elektrogeräte (Fernsehen, Handy, Computer etc.) aus, so dass es wirklich ruhig ist. Setz dich bequem, oder besser: Lege dich für eine Weile hin und schließe die Augen.

Deine Augen haben heute schon viele Dinge für dich wahrgenommen, sie brauchen auch zwischendurch eine kleine Pause, ebenso wie dein ganzer Körper.

Versuche einfach an nichts zu denken… und entspanne…

Wahlweise kannst du zur Entspannungszeit eine schöne Kinderentspannungs-CD hören. (Dann darfst du natürlich den CD-Player anstellen.) Es gibt viele schöne Geschichten oder Phantasiereisen oder sanfte Musikstücke. Verzichte in dieser Zeit auf wilde Popmusik.

Nach kurzer Zeit ist dein Kopf wieder ganz klar und dein Körper hat neue Kraft gesammelt.

Entspanne und genieße den Tag.

20. Januar

Gib niemals auf

Manchmal erscheinen Situationen so schwierig und du meinst, es gibt keinen Ausweg. Es gibt aber für alles immer eine Lösung, auch wenn es manchmal so aussichtslos und verfahren schwierig erscheint. Denke daran und vertraue darauf!

Wichtig ist, nicht zu resignieren, sondern nach einer Lösung zu suchen.

Wenn du es nicht alleine schaffst, eine geeignete Lösung zu finden, dann scheue dich nicht und bitte einfach um Hilfe. Vertraue dich deinen Eltern oder Freunden an, um das Problem gemeinsam zu besprechen und eine Lösung zu finden.

Sei kein Mensch, der sofort aufgibt, wenn etwas einmal nicht sofort klappt. Viele Menschen machen ein oder zwei Versuche und lassen es dann sein.

GEDULD ist hier das Zauberwort. Probiere es wieder und wieder und wieder. Heute, morgen, übermorgen, nächste Woche. Probiere es, mit ganz viel Geduld, immer wieder, bis du es wirklich perfekt kannst. Gib nicht sofort auf, übe dich in Geduld und übe weiter.

Egal, was du machst, planst oder tun möchtest, gib niemals auf – suche eine Lösung.

21. Januar

Sei offen und freundlich zu den Menschen

Sei offen und freundlich zu den Menschen. Beurteile Menschen nicht nach ihrem Äußeren. Viele Menschen müssen mit sehr, sehr wenig Geld auskommen und können sich nicht immer die modernsten Kleidungsstücke oder Markenkleidung kaufen, und trotzdem sind auch diese Menschen liebenswert.

Offen und freundlich zu sein bedeutet aber *nicht*, dass du mit allen Menschen sofort Kontakt haben sollst, ihnen total vertraust oder mit ihnen gehst.

Es bedeutet: Sei einfach freundlich zu den Menschen. Freundlich und offen sein bedeutet, höflich zu anderen Menschen zu sein und sie nicht nach ihrem Äußeren zu be- oder zu verurteilen.

Sei offen und freundlich zu den Menschen!

22. Januar

Achtsam, nicht achtlos

Verschenke dein Vertrauen nicht achtlos!

Verschenke dein Vertrauen nicht einfach blind!

Sei offen und freundlich zu allen Menschen, aber vertraue dich nicht gleich jedem Menschen einfach an.

Egal, was manche Menschen dir versprechen, auch wenn es schon immer dein größter Wunsch war und deine Eltern ihn dir nicht erfüllen, gehe niemals achtlos und arglos mit fremden Menschen mit. DU kennst die fremden Menschen nicht, und es kann einfach nur ein Trick sein, um dich mitzulocken.

Leider meinen es nicht alle Menschen gut mit dir.

Sei achtsam, und vertraue nicht achtlos.

23. Januar

Meckere nicht ständig herum

Meckere nicht ständig über deine Freunde, wie sie sich dir gegenüber verhalten.

Überdenke doch einmal dein eigenes Verhalten. Vielleicht ist dein Verhalten auch nicht ganz so perfekt und du meckerst auch ständig über deine Freunde. Sie meckern dann einfach nur zurück und du merkst gar nicht, dass es eine Reaktion auf dein Verhalten ist.

Behandle deine Freunde genauso, wie du es von ihnen erwartest und wie sie mit dir umgehen sollen.

Verändere dein Verhalten, meckere nicht mehr so viel herum, und auch deine Freunde werden ihr Verhalten verändern.

24. Januar

Sei kein Dummkopf

Sei kein Dummkopf und riskiere nicht dein Leben, um anderen Menschen zu gefallen.

Immer wieder verlangen sogenannte Freunde etwas Tolles, wie z.B. Mutproben. Aber ist eine Mutprobe wirklich etwas so Tolles?

Ein Beispiel: Freunde wollen eine Mutprobe machen und auf einen fast zugefrorenen See gehen.

Ist es denn wirklich so mutig, bei dünner Eisdecke auf einen See zu gehen? Die Gefahr ist sehr groß, einzubrechen und zu ertrinken oder einen Kälteschock zu bekommen und dann vielleicht sogar zu sterben.

So etwas machen doch nur Dummköpfe, die anderen gefallen wollen.

Wirklich mutig sein bedeutet, ganz klar *Nein, das mach ich nicht* zu sagen.

Sei kein Dummkopf, sei mutig.

25. Januar

Freizeit mit Eltern

Erwarte von deinen Eltern nicht immer nur Geschenke. Was nützen dir all die schönen Puppen, Autos, Kuscheltiere, Videos, Computerspiele oder all das andere Spielzeug?

Du kannst eine kurze Zeit damit spielen und Spaß haben – und dann? Dann ist dir wieder langweilig!

Freue dich über jede Minute, in der du mit deinem Vater, deiner Mutter oder Geschwistern gemeinsam etwas Zeit verbringen kannst. Ihr könnt zusammen Spaß haben, lachen, spielen oder einfach mal reden. Das ist viel kostbarer und wertvoller als jedes teure Geschenk.

Freue dich über die gemeinsame Freizeit mit deinen Eltern.

26. Januar

Positive Gedanken

Sind deine Gedanken positiv, hast du auch eine positive Ausstrahlung und du wirkst wie ein glückliches und fröhliches Kind.

Schöne Gedanken machen dich glücklich und fröhlich. (Sie lassen dich strahlen wie eine Sonne.)

Zum Glück kannst *DU* allein entscheiden, ob *DU* schöne oder eher negative Gedanken in deinem Kopf haben möchtest.

Denke oft am Tag an etwas Schönes, dann wird auch dein Leben fröhlicher und positiver.

Es gibt so viele Menschen, die sooo negativ sind und nur über alles schimpfen und meckern. In allem sehen sie nur das Schlechteste – sie schauen auch schon so verkniffen und griesgrämig aus.

Gehöre nicht dazu, versuche immer positiv zu denken.

27. Januar

Segne dein Essen

Positive Gedanken kann man überallhin senden. Gedanken sind wie Radiowellen, sie können überall hinfließen und sich verteilen. Man kann sich mit positiven Gedanken auch positiv stimmen, aber auch andere Dinge positiv beeinflussen: Sende doch deinem Mittagessen ein paar positive Gedanken, indem du es segnest.

Segne täglich dein Essen.

Es geht ganz einfach: Lege die Hände über dein Essen, werde einen Moment still und gib dann positive Gedanken in dein Essen (was dir wichtig ist: Gesundheit, Glück, Liebe, Freude ... usw.).

So gelangen deine positiven Gedanken über die Nahrung in jede deiner Körperzellen.

Segne dein Essen.

28. Januar

Respektiere alle Lebewesen

Alle Lebewesen und alles, was dir in der Natur begegnet – die Menschen, die Tiere, die Blumen, die Bäume, … alles verdient deine besondere Aufmerksamkeit, deinen Respekt und deine Achtung.

Quäle nie einen Menschen oder ein Tier,
tritt nicht auf die wunderschönen Blumen,
reiß nicht sinnlos Äste von den Bäumen usw.

Alles ist von dem großen Schöpfer* erschaffen und empfindet genauso wie du.

Respektiere alle Lebewesen und gehe behutsam mit ihnen um.

* Der große Schöpfer hat in verschiedenen Religionen unterschiedliche Bezeichnungen.

29. Januar

Fürsorge

Kennst du einen Menschen, dem es gerade nicht so gut geht? Vielleicht ist dieser Mensch voller Sorgen, Traurigkeit oder er ist sogar krank. Umsorge diesen Menschen und versuche, etwas Gutes für ihn zu tun. Dafür brauchst du kein Geld. Es reichen manchmal schon ein paar nette Worte, eine gepflückte Blume, oder male ein Bild –

… finde weitere Ideen und Möglichkeiten.

Sei aufmerksam zu diesem Menschen und denke daran, wie du behandelt werden möchtest, wenn du zum Beispiel mit Fieber im Bett liegst oder sehr traurig bist.

Sei heute oder morgen besonders fürsorglich, wenn dich jemand braucht.

30. Januar

Kein Küsschen auf Kommando

„Kein Küsschen auf Kommando" – ein Küsschen geben ist etwas ganz Besonderes.

Einen Kuss zu geben kommt vom Herzen, weil man es möchte. Gib nur einen Kuss, wenn *du* es auch wirklich möchtest.

Gib niemals einen Kuss, weil man es von dir erwartet oder du etwas dafür bekommst (weil z.B. die Tante zu Besuch kommt oder du von Herrn Meyer ein Geschenk bekommen hast...).

Küssen ist etwas sehr Persönliches.

Sei sparsam mit deinen Küsschen und verteile sie nur, wenn es sich für dich gut anfühlt und wenn *du* es wirklich willst.

Kein Küsschen auf Kommando!

31. Januar

Sei du selbst

Finde dich toll, so, wie du bist.

Schau mal bewusst in den Spiegel und lass deine Nörgeleien über dich einfach beiseite.

Liebe und möge deine Gedanken.
Liebe und möge dein Äußeres.
Liebe und möge deine besonderen Fähigkeiten.
Liebe und möge deine Eigenschaften.

Liebe es, manchmal etwas Besonderes zu sein.

Sei einfach wirklich du selbst und sei stolz auf dich.

1. Februar

Nur bei Hunger essen

Iss wirklich nur, wenn du auch hungrig bist.

Viele Menschen essen sehr oft aus Langeweile.

„ Oh, ich weiß nicht, was ich spielen soll, mir ist langweilig … – ich gehe naschen …"

Und dann werden zum Beispiel die Gummibärchen hineingestopft. Bald siehst du auch aus wie ein Gummibärchen.

Ab und zu ist es total in Ordnung zu naschen, aber greif nicht einfach aus Langeweile zu den Naschereien.

Überlege genau, *warum* du *wann* und *was* essen möchtest.

2. Februar

Heute ist heute

Das bedeutet, wenn du gestern einen Fehler gemacht oder dich total blöd benommen hast – dann war es gestern! Es ist schon Vergangenheit.

Heute ist aber ein neuer Tag und heute hast du die Chance, anders zu handeln. Sicherlich wird dir so ein Fehler von gestern also nicht noch einmal passieren.

Verschwende nicht deine Energie, immer noch über gestern herumzugrübeln oder, wie du etwas anderes hättest tun können, was vielleicht schiefgelaufen ist. Ändern kannst du es sowieso nicht mehr, denn du kannst die Zeit ja nicht zurückdrehen. Aber du kannst aus deinen Fehlern lernen und versuchen, es das nächste Mal für dich besser zu machen.

Genieße jetzt und heute und gerade diesen Moment.

3. Februar

Entscheidungen

Entscheidungen zu treffen ist manchmal schwierig. Wenn du etwas entscheiden sollst, dann versuche die Idee oder die Lösung für die Entscheidung aus deinem Gefühl (man sagt: aus deinem Bauch) heraus zu treffen.

Mit deinem Kopf kannst du nur das Für und Wider abwägen. In deinem Bauch sitzen aber deine Gefühle.

Wenn du einen guten Kontakt zu deinen Gefühlen hast, dann triff die Entscheidungen so oft wie möglich „aus dem Bauch heraus".

Kontakt zu deinen wahren Gefühlen bekommst du, wenn du lernst, auf deine Gefühle oder auch „innere Stimme" zu hören.

Eine gute Übung dafür ist, einmal am Tag sich total zu entspannen und einfach in den eigenen Körper zu lauschen. Wie fühlt sich dein Körper gerade an, welche Botschaften sendet er dir gerade? Diese Botschaften können dir als Gefühl, als Bild, als Idee, als Farbe und andere Impulse gesendet werden.

Gefühle aus dem Bauch heraus zu treffen ist manchmal erfüllender, als alles nur im Kopf zu analysieren (was manchmal auch wichtig ist!).

Lerne bei Entscheidungen auf deine wahren Gefühle zu lauschen und zu vertrauen. Entscheide nie voreilig, aber dafür bewusst.

4. Februar

Streiten

Streit, Auseinandersetzungen und Diskussionen mit anderen sind im Leben nie zu vermeiden. Streiten ist auch im Leben wichtig. Nimm niemals alles so einfach hin, streite dich ruhig. Streite dich aber mit Worten und wende keine Gewalt an, also: Schlage dich nicht.

Wichtig ist aber, bei jedem Streit nicht die Wut im Bauch zu behalten oder hinunterzuschlucken.

Trage den Streit offen aus, sage alles, was du sagen möchtest, egal, ob laut oder leise.

Aber sage es auch! All deine Gefühle müssen aus deinem Körper heraus, sonst toben sie in dir herum und nehmen dir einen Teil deiner Lebenskraft.

Wenn alles gesagt ist, was du auch sagen wolltest, dann sei dir und deinem „Streitpartner“ nicht mehr böse. Aus einem Streit kann jeder etwas für sich lernen.

Nutz die Chance, dich dann auch wieder zu vertragen. Nur weil man sich streitet, braucht man ja nicht tagelang rumzumaulen.

Lerne dich zu streiten und auch immer wieder zu vertragen.

5. Februar

Versöhnung

Nach jedem Streit ist eine Versöhnung aus dem Herzen sehr wichtig.

Übung A für Menschen, die dir sehr nahe sind, zum Beispiel deine Eltern:

Setz dich deinem Streitpartner (= dem Menschen, mit dem du gerade in Streit geraten bist und dich gestritten hast) gegenüber.

Jeder nimmt seine rechte Hand und legt sie auf das Herzzentrum (in der Mitte der Brust) des Gegenübers.

Dann nimmt jeder seine linke Hand und legt sie auf das eigene Herzzentrum auf die Hand des Partners. Seht euch in die Augen.

Die Herzenergie verbindet euch beide und alle negative Stimmung zwischen euch ist wie weggeblasen, beide fühlen sich erleichtert. Probier es aus.

Übung B für deine Freunde oder Mitschüler:

Ihnen reichst du als besonderes Zeichen einfach die Hand und teilst Ihnen mit, dass es dir sehr wichtig ist, dich wieder mit ihnen zu vertragen.

Denke nach jedem Streit mit Personen, die dir etwas bedeuten, dich wieder mit ihnen zu versöhnen.

6. Februar

Schenke von Herzen

Schenken ist etwas sehr Schönes. Es bedeutet: Ich denke an dich und möchte etwas mit dir teilen.

Verschenke nur etwas, wenn du es auch gerne möchtest. Verschenke niemals etwas, um anderen zu gefallen oder so neue Freunde zu gewinnen.

Diese „Freunde", die gar keine *echten Freunde* sind, werden sich immer mehr Kostbarkeiten von dir schenken lassen, und wenn sie genug haben, werden sie dich doch nicht mehr beachten.

Schenke nur, wenn du es auch wirklich möchtest und es von Herzen kommt.

7. Februar

Versprechen halten

Hast du irgendjemandem ein Versprechen gegeben, wie zum Beispiel

- eine besondere Verabredung,
- etwas einzukaufen,
- eine Arbeit zu erledigen,
- ein Geheimnis zu bewahren usw,

dann bist du auch dazu verpflichtet, diese Abmachung einzuhalten. (Du bist aber nur dann wirklich dazu verpflichtet, wenn das Versprechen für dich positiv ist und du dadurch keine Nachteile hast.) Ein Versprechen ist genauso wie ein kleiner Vertrag.

Ein gegebenes Wort ist etwas sehr Kostbares. Überlege dir genau, was du sagst.

Wenn du immer alles versprichst und es dann doch nicht einhältst, wird dir irgendwann niemand mehr vertrauen und glauben.

Versprich auch nur Dinge, die du auch wirklich erfüllen kannst. Deine Versprechen sollen möglichst aus deinem Herzen kommen.
Versprich nicht irgendetwas, um einfach erst mal etwas zu sagen oder dass du in Ruhe gelassen wirst.

Halte stets dein Wort – halte deine Versprechen ein!

8. Februar

Feste Regeln

In deinem Leben gibt es bestimmte feste Regeln.

Zum Beispiel:

Vor dem Frühstück Zähne putzen,
du musst bei Rot an der Ampel warten,
dein Pausenbrot auch erst in der Pause essen,
Anweisungen deines Lehrers und deiner Eltern folgen
pünktlich am Abend zu Hause zu sein usw. ...

Auch wenn du eine ganz besondere einzigartige Persönlichkeit bist und dich in einigen Dingen von anderen Kindern unterscheidest, so musst du dich trotzdem an feste Regeln halten. Sonst würde irgendwann unsere Welt in ein gewaltiges Chaos geraten. Sicherlich sind dir diese festen Regeln auch ganz klar.

Halte die festen Regeln stets ein.

9. Februar

Blitzableiter

Jeder Mensch hat mal einen Tag, an dem er total schlecht gelaunt ist. Dann kann es passieren, dass man einen anderen Menschen ganz ungerecht behandelt, anmeckert oder dass man explodiert. Der andere Mensch kann gar nichts dafür! Diese Situation kennst du sicherlich – oder?

Es ist nicht gerade supertoll, einen anderen Menschen als „Blitzableiter" zu benutzen, weil du deine schlechte Laune einfach an anderen Menschen ableitest. Es kann immer einmal passieren, denn wir sind alle auch nur Menschen und keine programmierten Roboter oder Maschinen, und deshalb gehört solches Verhalten zu unserem Leben.

Wenn du einen anderen Menschen ungerecht behandelt hast, dann sei stets auch so fair und mutig, dich bei deinem „Blitzableiter" zu entschuldigen! Du hast da jemanden ganz ungerecht behandelt, also sorge dafür, dass alles wieder in Ordnung kommt.

Erkenne die Wichtigkeit und den Wert der Entschuldigung.

10. Februar

Übung macht den Meister

Kleine Kinder, die laufen lernen wollen, fallen oft immer wieder auf den Boden. Unermüdlich stehen sie auf und probieren es immer und immer wieder.

Vielleicht kennst du so ein kleines Kind, oder hast schon einmal eins beobachtet. Außerdem warst du ja auch mal klein und hast durch viel Übung Laufen gelernt.

Wann immer dir etwas nicht gleich gelingt, denke an die unermüdlichen Versuche des kleinen Kindes. Probiere du auch immer und immer wieder, egal, wie oft du Niederlagen erlebst.

Es wird immer besser und bald wird es perfekt sein. Du musst nur Ausdauer und Geduld haben.

Denke daran: Übung macht den Meister.

11. Februar

Achte Mutter Erde

Die Mutter Erde ist etwas sehr Kostbares. Ohne sie würden wir alle nicht mehr leben können.

Alle Menschen sollten der Erde auch besonderen Respekt entgegenbringen – wir haben doch nur die eine Erde.

Gehöre du nicht zu den Menschen, die überall ihren Müll hinschmeißen. Du würdest es auch nicht wollen, wenn alte Papiertüten oder Bananenschalen in dein Zimmer achtlos hingeschmissen werden.

Behandle Mutter Erde genauso wie dein ganz persönliches Reich, und hilf ihr, dass es ihr gut geht.

Achte Mutter Erde!

12. Februar

Ein besonderer Wunsch

Hast du einen ganz besonderen Wunsch? Wenn du möchtest, dass er in Erfüllung geht, dann musst du auch etwas dafür tun.

Du kannst zum Beispiel deinen Wunsch auf einen Zettel schreiben. Jeden Abend, wenn du schlafen gehst, denke noch einmal an deinen Wunsch. Wenn du dann ganz tief aus deinem Herzen an deinen Wunsch denkst, dann stell dir vor, du würdest diesen Wunsch auf ein goldenes Kärtchen schreiben. In Gedanken hängst du dieses Kärtchen an einen roten, mit Gas gefüllten Luftballon, und stell dir vor, wie er dann in den Himmel fliegt. Er fliegt höher und höher...

So kannst du dir gut vorstellen, dass dein Wunsch auch bei den „Engelhelfern" im Himmel ankommt.

Sie werden dafür sorgen, dass dein Wunsch früher oder später in Erfüllung geht.

Stell es dir so oft wie möglich vor.

Wenn es für dich wirklich wichtig ist, wird sich dieser Wunsch auch erfüllen! (Sonst musst du noch warten, aber die Engel wissen schon, was für dich wichtig ist, vertraue darauf.)

13. Februar

Höflichkeit

Es sollte für dich eine Selbstverständlichkeit sein, die Worte „bitte" und „danke" zu benutzen.

Höflich zu sein ist eine besondere Eigenschaft, die gerade bei den Kindern bedauerlicherweise immer mehr verschwindet.

Wie oft hört man: „Schmeiß mal rüber" – oder „eh` Alter, mach mal Platz" – das sind ganz unhöfliche Redeformeln.

Höflich zu sein bedeutet auch: Ich respektiere und achte den anderen Menschen. Du möchtest sicherlich auch, dass man höflich mit dir redet.

Versuche höflich zu sein und benutze täglich die Worte „bitte" und „danke".

14. Februar

Supercool

Viele Kinder finden es total schick, „supercool" zu sein: keine Gefühle zu zeigen, immer ein versteinertes Gesicht zu machen, viele Schimpfworte zu benutzen, durch ein besonderes Äußeres aufzufallen.

Dieses „Supercool" ist aber nichts anderes als die Affen im Zoo. Ein Oberaffe möchte sich besonders wichtig machen und eine kleine Affenschar gesellt sich dazu und spielt die Affenbande. Ist doch lustig – oder?

Du bist ein so tolles Menschenkind, du brauchst dich zu keinem Oberaffen zu gesellen. Sei einfach DU selbst und es gesellen sich viele liebenswerte Freunde und Freundinnen zu dir. (Falls du aber Affen suchst – geh in den Zoo!)

Sei kein Affe, sei einfach nur DU.

15. Februar

Zeig dein Gesicht

Gefühle gehören zum Leben dazu, so wie die Luft, die wir zum Atmen brauchen.
Es gibt Momente, da sind wir einfach nicht fröhlich und glücklich. Diese Gefühle brauchen auch nicht versteckt zu werden.

Wenn dich jemand durch Worte verletzt hat, bist DU verletzt.
Hat dir jemand wehgetan, fühlst DU Schmerz.
Hast du etwas Trauriges erlebt, bist DU traurig.
Hast du etwas verloren, bist DU unglücklich.

Es gibt noch viele Beispiele. Wichtig ist: All diese Gefühle gehören zum Leben dazu und sollen auch gezeigt und ausgedrückt werden. Versteck diese Gefühle nicht. Sei auch kein Schauspieler und versuche nicht für andere Menschen zu lachen, wenn dein Herz weinen möchte. Besonders gilt diese Botschaft auch für die Jungen.

Sein Gesicht zu zeigen bedeutet, seine Gefühle zu zeigen und ganz authentisch zu sein.

Sei kein Schauspieler, sei authentisch.

16. Februar

Abschiedsschmerz

Du hast sicherlich eine sehr gute Freundin oder einen sehr guten Freund, und ihr habt einige Zeit zusammen verbracht und alles gemeinsam unternommen und geteilt. So eine wichtige Person wird *Wegbegleiter* genannt.

Wenn du es dir jetzt auch nicht vorstellen kannst, es wird irgendwann trotzdem so sein, dass sich eure Wege trennen. Klammere dich dann nicht an diese Person und sei nicht ganz lange traurig. Geh deinen eigenen Weg weiter und lass deine Freundin oder deinen Freund ihren /seinen Weg gehen. Es heißt ja nicht, dass ihr euch nie mehr sehen werdet!

Für dich wird sich ein neuer wichtiger Wegbegleiter finden. Du begegnest immer wieder neuen Menschen, die für dich wichtig sind, und jeder Mensch ist neu und anders.

Auch wenn eine Trennung manchmal schmerzhaft ist, wisse: Es kommt immer etwas Neues und du bist niemals allein.

17. Februar

DU bist DU

Du bist als ganz besonderes, einzigartiges Wesen hier auf die Welt gekommen.

Es ist ganz wichtig, dies zu wissen.

Niemand kann wirklich so sein wie DU.

Versuche auch DU nicht, Kopierer zu spielen und genauso zu sein wie andere Kinder oder Menschen. Du kannst von ihnen immer etwas lernen und annehmen, aber sie niemals kopieren.

Versuchst du jemanden zu kopieren, ist es immer eine schlechte Kopie.

Bleib DU wirklich DU, denn *DU bist DU*.

18. Februar

Tolerant sein

Tolerant sein bedeutet, es zu akzeptieren, dass andere etwas denken, was du vielleicht nicht richtig findest. Verschiedene Menschen haben immer unterschiedliche Meinungen. Jede Meinung muss angehört und akzeptiert werden. Jeder Mensch hat ein Recht auf eine eigene Meinung.

Du kannst mit deinem Freund oder deiner Freundin darüber sprechen, warum ihr verschiedene Dinge unterschiedlich als richtig betrachtet und unterschiedlicher Meinung seid. Es gibt zu einem Thema immer sehr viele verschiedene Ansichten und Meinungen.

Aber achte die unterschiedlichen Ansichten – sei tolerant.

Sei tolerant und erlaube jedem Menschen seine persönliche Meinung.

19. Februar

Teilen

Was immer du zu geben hast, teile es mit anderen Menschen.

Teile dein Wissen.
Teile dein Pausenbrot (wenn du reichlich dabei hast).
Teile deine Süßigkeiten.
Teile dein Spielzeug.
Teile deine Zeit.
Teile deine Freude.
Teile deine Liebe.

Teile…

Teile alles, was du teilen kannst (und möchtest).

20. Februar

Gebet zum Essen

Erde, die uns dies gebracht,
Sonne, die es reif gemacht.
Liebe Sonne, liebe Erde,
Euer nie vergessen werde.

(Christian Morgenstern)

Ein schönes Gebet, du kannst es mit deiner Familie vor jeder Mahlzeit beten und euch dann einen „guten Appetit" wünschen.

So dankst du der Mutter Erde und dafür, dass du eine gesegnete und leckere Mahlzeit hast. Denke daran: Für viele Menschen auf der Erde ist es keine Selbstverständlichkeit, täglich satt zu werden. Viele Menschen, davon sehr viele Kinder, müssen auf der Welt hungern.

Danke für deine Mahlzeit.

21. Februar

Gebet nach dem Essen

Nach dem Essen kannst du – wenn du möchtest – mit deiner Familie auch einen Dankesvers sprechen:

Wir sagen Dank für Speis und Trank,
der lieben Erde, auf der alles wächst,
dem Regen, der es benetzt,
der Sonne, die alles bescheint,
und dem lieben Gott, der alles vereint.

Danke für deine gesegnete Mahlzeit, die deinen Hunger gestillt hat.

22. Februar

Stolz auf sich sein

Manchmal denkst du, du schaffst die bevorstehende Situation nicht.

Denke als Unterstützung dann an eine Situation zurück, wo du vorher auch ein ganz mulmiges Gefühl im Bauch hattest, vielleicht war es sogar Angst. Vielleicht hast du dich ganz stark an Mutter oder Vater geklammert und geweint, weil du solche Angst hattest und dich überhaupt gar nicht getraut hast.

Mutter oder Vater haben dir gut zugeredet und du hast dich getraut, es zu tun.

Weißt du noch, wie toll du dich anschließend gefühlt hast?

Nicht nur deine Eltern, sondern *DU* selbst warst ganz besonders stolz auf dich. *Du* hast es geschafft und so schlimm war es eigentlich doch gar nicht... du musstest dich nur trauen.

Denke daran immer zurück und hole dir dieses Gefühl wieder in deinen Bauch und wage dich an die neue Situation.

Trau dich doch einfach!

23. Februar

Intuition

Jeder Mensch hat eine innere Stimme. Diese innere Stimme, oder auch „höheres Selbst" oder „innere Weisheit" genannt (die Erwachsenen nennen es Intuition oder Bauchgefühl), weiß ganz genau, was für uns gut ist. Jüngere Kinder sind noch ganz stark mit ihrer „inneren Stimme" verbunden. Werden die Kinder älter und werden sie in der Schule durchs Lernen gefordert, kann es sein, dass sie diese Verbindung zur inneren Stimme irgendwie verlieren. Aber man kann diese Verbindung jederzeit neu trainieren und sie wieder herstellen.

Achte auf deine innere Stimme, lerne (wieder) auf sie zu hören, was sie dir zu sagen hat.

Zum Beispiel:

- Hast du eine grüne Hose angezogen, weil du sie gerade neu bekommen hast, irgendetwas ist aber komisch und am liebsten würdest du doch wieder die blaue anziehen..., dann tu es auch. Höre auf deine innere Stimme und du wirst dich wohler fühlen.

- Wenn du bei einem bestimmten Nahrungsmittel ein komisches Gefühl bekommst, dann vertrau auf deine innere Stimme und lass es einfach stehen. Egal, ob du komisch angeschaut wirst oder nicht.

Deine innere Stimme oder deine Intuition kann dir immer sagen, was für dich gut ist.

Trau dich, auf deine innere Stimme zu hören.

24. Februar

NEIN

Wann immer DU etwas nicht tun möchtest, weil es sich für dich und deinen Körper nicht gut anfühlt, hast DU auch immer das Recht, NEIN zu sagen!

Im richtigen Moment NEIN zu sagen ist etwas sehr Wichtiges und Wertvolles.

Lerne NEIN zu sagen, auch wenn andere Menschen damit manchmal nicht so richtig umgehen können und vielleicht verärgert sind. Vielleicht wollen sie dir ein schlechtes Gewissen einreden oder sogar Angst machen. Vielleicht sagen sie, dass sie dich nicht mehr lieb haben oder mit dir nichts mehr zu tun haben wollen.

Sei trotz allem selbstbewusst und sage ganz klar NEIN, wenn du etwas nicht tun möchtest. Es wird dir immer mehr Selbstbewusstsein geben.

Du bekommst ein wichtiges Gefühl, dass dein Körper nur dir gehört. Du bekommst das Gefühl, dass DU wichtig bist.

Sei selbstbewusst und sage klar *NEIN*, wann immer du etwas nicht möchtest.

25. Februar

Komplimente und nette Worte

Sage, so oft du magst, etwas Nettes zu anderen Menschen. Nette Dinge zu sagen nennt man Komplimente machen. Komplimente sind etwas sehr Schönes, aber nur, wenn sie ehrlich gemeint sind!

Unehrliche Komplimente nennt man *Schmeichelei.* Man schwindelt und „säuselt" anderen Menschen etwas vor, erzählt ihnen zum Beispiel, wie toll sie sind, nur weil man etwas von ihnen haben möchte. Das ist nicht ehrlich!

Komplimente kommen vom Herzen, und man verteilt sie, weil man es ehrlich meint, ohne die Erwartung zu haben, etwas dafür zu bekommen.

Freue dich auch ganz besonders, wenn man dir etwas Nettes sagt, also ein Kompliment macht. Es ist doch schön, etwas Nettes von anderen zu hören, denn es werden schon zu viele negative Dinge gesagt.

Verteile ehrliche Komplimente und freue dich, wenn man dir ein Kompliment macht.

26. Februar

Konzentration

Wenn du gerade zu Hause an einer größeren Aufgabe arbeitest – wie Hausaufgaben, Briefschreiben usw. –, und du merkst, dass dir die nötige Konzentration fehlt und sich eine nervöse Unruhe oder Stress ausbreitet:

Steh einfach auf, geh zum Fenster und schau hinaus. Lass deine Gedanken ziehen wie die Wolken am Himmel, tu nichts und schaue einfach nur... und lass deiner Phantasie freien Lauf. Träume einen Moment.

Nach einem kurzen Moment spürst du, wie die Gedanken in deinem Kopf wieder fließen können, und setze deine Arbeit fort.

Entspanne deine Gedanken und tanke so frische Energie. Mach dich dann weiter an die Arbeit, voller Konzentration.

27. Februar

Der Baum

Hast du eigentlich schon einmal darüber nachgedacht, dass du auch einen „Baumfreund“ haben kannst?

Kennst du einen besonderen Baum, der dir schon öfter aufgefallen ist? Vielleicht siehst du täglich einen Baum auf deinem Weg, vor eurem Haus oder bei Nachbarn im Garten oder irgendwo im Park.

Schenke ab heute einem Baum eine ganz besondere Beachtung. Schau ihn dir genau an. Wie groß ist er, wie sieht sein Stamm aus, welche Form hat seine Krone, wie fühlt sich seine Baumrinde an?

Versuche auch einmal den Baum bewusst zu fühlen. Wann immer du deinen Baum besuchst, sieh ihn dir genau an und nimm Kontakt zu ihm auf – umarme ihn doch einfach mal! Wie fühlt er sich denn an?

So ein Baum hat ganz viel Energie in sich, er möchte die Energie gerne mit dir teilen.

Es ist spannend, so einen Baumfreund zu haben, im Winter, im Frühjahr, im Sommer und im Herbst, er hat dir immer etwas Neues mitzuteilen, er verwandelt sich ständig.

Zu Hause kannst du deinen Baum malen, und wann immer du mal Sorgen hast, dann schreibe die Sorge auf einen kleinen runden Zettel und hefte ihn auf deinem Bild an deinen Baum.

Ein Baumfreund ist etwas ganz Tolles (nicht nur für Kinder).

28. Februar

An etwas glauben

An etwas zu glauben bedeutet, auch an Dinge zu glauben, die wir nicht sehen können.

Viele Menschen glauben nur an das, was sie auch wirklich sehen können oder was wissenschaftlich bewiesen ist.

Glaube an all die Dinge, an die du glauben möchtest und die dir in den Sinn kommen:

Glaube an deinen Schutzengel,
glaube an deine innere Stimme,
glaube an eine höhere Führung,
glaube an eine besondere, liebevolle Energie,

glaube an ....

Allein der Glaube an etwas kann ungeheure Dinge in Bewegung setzen…

Du musst nur glauben.

(Weise Menschen sagen: „Der Glaube kann Berge versetzen", dies soll die Kraft des Glaubens deutlich machen.)

29. Februar

Eine Sache auf einmal

Wenn du spielst, dann spielst du.
Wenn du isst, dann isst du.
Machst du Hausaufgaben, dann machst du Hausaufgaben.
Hast du eine Pflicht zu erfüllen, dann erfüll deine Pflicht.

Mach nicht viele Dinge auf einmal, konzentriere dich immer möglichst nur auf *eine* Sache, und mache diese dann mit ganzem Herzen. Viele Dinge auf einmal zu machen, ist so eine halbherzige Sache. Hier ein wenig machen…, da noch mal etwas nebenbei tun….

Es schleichen sich Fehler ein, und du bist nicht mit dem Herzen bei der Sache. Außerdem kostet es viel Kraft und verwirrt den Kopf, wenn du mehrere Dinge auf einmal machst.

Mache möglichst nur eine Sache auf einmal und mit ganzem Herzen. Mache es gut und gründlich.

1. März

Deine Gedanken bist du

Was immer du denkst und wie du deine Gedanken ausrichtest, so wird es sich auch in deinem Körper und deinen Zellen widerspiegeln.

Hast du immer grimmige oder negative Gedanken, werden dein Körper und dein Gesichtsausdruck irgendwann auch eine negative Haltung bzw. einen negativen Ausdruck annehmen.

Umgib dich lieber immer mit positiven Gedanken: Freue dich, denke positiv, auch wenn mal etwas daneben gegangen ist. Versuche möglichst in allem zuerst das Gute und Positive zu sehen. So wird es dann auch dein Körper ausdrücken. Du bekommst eine besondere Ausstrahlung, dein Körper wird weniger Stress erleben, dadurch wird dein Immunsystem gestärkt und du wirst weniger anfällig für Krankheiten.

Egal, was kommt, bleibe positiv in deinen Gedanken. Du allein entscheidest, was du denken willst. Denke positiv.

2. März

Miteinander

Im Leben ist es nicht wichtig, immer der Bessere oder der Sieger zu sein.

Du kannst nicht immer in allen Dingen der Bessere oder der Sieger sein.

Denke daran, deine Freunde so zu respektieren, wie sie sind. Jeder Mensch hat seine persönlichen Stärken, wie zum Beispiel beim Sport, Rechnen, Handwerken und Ideen haben. Manchmal sind andere Menschen darin besser als du.

Das ist aber nicht schlimm, denn genau von diesen Menschen kannst du sehr viele Dinge lernen – andere wiederum können viel von dir lernen.

Wichtiger als besser zu sein oder zu siegen ist das *Miteinander*.

3. März

Glück und Freude

Glück und Freude hängen nicht vom Geld oder materiellen Dingen ab wie Spielzeug, Kleidung, Computer, Musikanlage, Fahrrad usw.

Denke einfach mal darüber nach, denn Glück und Freude kann man nicht kaufen.

Glück und Freude gibt es sozusagen als „Geschenk", und es ist immer da und kann immer nachfließen.

Glück und Freude hören auch niemals auf, wenn du es spüren möchtest.

Glück und Freude hängen davon ab, wie viel Glück, Freude, Fröhlichkeit, Liebe und Lebensfreude in deinem Herzen sein dürfen.

Natürlich freust du dich über ein schönes Geschenk und bist glücklich. Aber diese Freude und dieses Glücksgefühl vergehen manchmal sehr schnell – wenn du das Geschenk länger hast, dann können Spielsachen auch sehr schnell uninteressant werden.

Wenn in deinem Herzen Platz für Glück und Freude ist, dann ist das ein tolles Gefühl von anhaltendem Glück, und es wird dich erfüllen und wird immer da sein.

Die schönsten Dinge im Leben sind die, die man nicht für Geld kaufen kann.

Sei einfach nur glücklich.

4. März

Was säst du in deinem Herzen?

Entscheide DU, was sinnbildlich in deinem Herzen wachsen soll. Aus jedem (sinnbildlichen) gesäten Samenkorn wird etwas wachsen und gedeihen. In der Natur wachsen aus jedem kleinen Samenkorn auch kleine Pflänzchen heran. Ähnlich ist es auch mit unseren Gefühlen. Du kannst auch für die Gefühle eine Art Samenkorn säen, um daraus dann sehr große Gefühle entstehen zu lassen.

Was du säst, wirst du auch ernten.
Was wirst du säen?

Säst du Samen der Wut? Dann erntest du Wut.
Säst du Samen des Hasses? Dann erntest du Hass.
Säst du Samen des Neides? Dann erntest du Neid.
Säst du Samen des Ärgers? Dann wirst du Ärger ernten.

Oder doch lieber:

Säst du Samen der Freude? Dann wirst du große Freude in dir fühlen.
Säst du Samen des Glücks? Dann wirst du großes Glück in dir spüren.
Säst du Samen der Dankbarkeit? Dann wirst du große Dankbarkeit in dir erleben.
Säst du Samen der Freundschaft? Dann wirst du viele Freundschaften pflegen.

DU allein entscheidest, was du säen möchtest. Säe positive Samen!

5. März

Unterstützung

Sei immer für deine Freunde da, wenn sie auch wirklich deine Hilfe brauchen. Gib ihnen deine Unterstützung oder Hilfe, wenn es in deiner Kraft und Möglichkeit liegt.

Sage möglichst niemals:

„Ich kann dir heute nicht helfen, ich möchte mein neues Buch lesen...."
„ Ich kann dir heute nicht helfen, ich möchte lieber Computer spielen...."
„Ich kann dir heute nicht helfen, ich möchte Eis essen gehen...."

All das sind Dinge, die ganz bestimmt auch verschoben werden können, es sind ja keine superwichtigen Termine. Biete lieber deine Hilfe an!

Denke an Momente, wo auch DU mal Hilfe oder Unterstützung brauchst.

Gib deine Unterstützung!

6. März

Gute Haltung

Versuche immer eine gute Körperhaltung zu haben. Gehe gerade und aufrecht und lass deine Wirbelsäule nicht zusammensacken wie einen alten Sack.

Eine aufrechte Haltung ist wichtig, denn

sie verstärkt dein Selbstwertgefühl: Ja, seht her, hier bin ich!

sie ist gut für deine Wirbelsäule und deine „gute" Haltung und beugt einem Rückenschaden vor

deine Lungen können mehr Luft einatmen, du fühlst dich besser durch die verstärkte Sauerstoffversorgung

deine Organe werden nicht gequetscht und können besser arbeiten, dein Körper entgiftet besser

sie macht dich offen und empfänglicher, Gefühle zu zeigen und zu empfangen.

Achte immer auf eine gute Haltung!

7. März

Schlangenhäutung

Eine Schlange häutet sich regelmäßig, damit sie wachsen kann. Mühsam streift sie sich ihre Haut ab – und darunter ist schon die neue Haut vorhanden.

Genauso ist es auch im Leben: Lass alte, negative Gedanken und Gefühle einfach los, wie die Schlange ihre Schlangenhaut, und wisse, es kann sofort etwas Neues da sein.

Wie mühsam wäre es für die Schlange, die alte Haut immer mitzutragen! Willst du den ganzen alten Mist, all deinen Ärger, die unangenehmen Gedanken und Gefühle immer mit dir tragen – oder lieber frei und leicht weitergehen?

Lass alten Mist einfach los und fühle dich frei und leicht.

8. März

Schaffe dir deine Welt

Draußen in der Welt ist viel los. Es geschehen viele negative und schreckliche Dinge, wie zum Beispiel: Kriege, Umweltkatastrophen, Unfälle usw.

Dies ist alles schlimm, aber es wird immer wieder geschehen. Wir können es nicht von heute auf morgen ändern und abstellen.

Es ist auch gut, darum zu wissen und sich mit einigen Themen zu beschäftigen, aber immer nur an diese schrecklichen Ereignisse zu denken würde uns selber ganz ängstlich, bedrückt und unglücklich machen.

Schaffe dir lieber in Gedanken deine eigene, gesunde, heile und liebevolle Welt.

Male es dir in Gedanken immer wieder aus, wie es sein soll...
Wie würdest du dir die Welt wünschen?

....

....

Das bedeutet nicht, ein Tagträumer zu sein, aber wenn jeder Mensch diesen Gedanken einmal am Tag haben würde, wäre es ein Beitrag zu einer wirklich gesunden, liebevollen und heilen Welt (denke an die Kraft der Gedanken).

Erschaffe dir in Gedanken deine gesunde, heile und liebevolle Welt.

9. März

Essen zu haben ist kostbar

Denke an all die Menschen, denen es nicht möglich ist, genügend Nahrung zu haben.

Essen ist etwas sehr Kostbares. Schlinge dein Essen nicht einfach hinunter, nimm jeden Bissen ganz bewusst wahr und rieche und schmecke dein Essen – ja genieße dein Essen.

Wenn du isst, dann sei mit deiner Aufmerksamkeit auch nur beim Essen. Habe nicht die blöde Angewohnheit, beim Essen zu lesen oder Fernsehen zu schauen oder mit irgendwelchen Dingen zu spielen.

Wenn du isst, dann iss auch nur.

Iss bewusst und genieße dein Essen mit deiner Familie.

10. März

Lass dich nicht unter Druck setzen

„Wenn du das nicht tust, dann …"

Sei achtsam, wenn du so etwas von Freunden, Mitschülern oder Erwachsenen hörst. *Lass dich niemals unter Druck setzen oder erpressen!*

Sollte dich jemals eine Person so unter Druck setzen wollen, dann zeige auf keinen Fall Ängstlichkeit. Suche dir sofort eine Person, der du wirklich gut vertraust (Eltern, Verwandte, Lehrer…), und erzähle ihr von der Situation.

Wenn du aber deine Angst zeigst, wird diese oft von scheinbar „starken" Menschen ausgenutzt, die dich nur ängstigen und einschüchtern wollen.

Sagt jemand zu dir: „Wenn du das nicht tust, dann…", dann will die Person dir damit drohen.

Wenn dieser Satz zu dir gesagt wird, dann frage mit klarem, festem Blick und aufrechter Haltung und ohne Angst zu zeigen:„ Ja, und dann?"

Lass dich niemals unter Druck setzen oder erpressen!

11. März

Lieblingsfarben

Kleide dich in deinen Lieblingsfarben. Ziehe nicht etwas an, was gerade alle tragen, um *in* zu sein.

Wähle Farben, die du wirklich magst, dein eigenes Empfinden ist wichtig. Entscheide dich für deine Lieblingsfarben.

Seine Lieblingsfarben zu erkennen und zu mögen bedeutet auch, sich selbst wahrzunehmen, sich zu spüren und wichtig zu nehmen. Es ist eine besondere Schulung deiner Wahrnehmung (Intuition). Und es ist etwas ganz Besonderes, seine Lieblingsfarben in der Kleidung auszudrücken, man fühlt sich dann auch meistens viel besser.

Die Lieblingsfarben können sich aber auch im Laufe der Zeit verändern.

Was ist im Moment deine Lieblingsfarbe/ Lieblingsfarben?

....

Farben haben verschiedene Bedeutungen, zum Beispiel:

ROT: Farbe der Energie (Power) und Aktivität, Mut und auch Aggression, Ausdauer, starker Wille, Farbe der Liebe

BLAU: Farbe der Entspannung und Freiheit, Weite (Himmel und Meer), Fluss aller Energien, Klarheit und Treue

GRÜN: Farbe des Friedens und der Harmonie, beruhigend, Herzlichkeit, Hilfsbereitschaft und Hoffnung

GELB: Farbe der Lebensfreude (Sonne), Energie, Vitalität, Heiterkeit und Kontaktfreude

SCHWARZ: Farbe des Selbstschutzes (sich unsichtbar fühlen), Verborgenes, Zurückhaltung, Unsicherheit, Angst, Trauer

LILA: Farbe des Friedens und der Transformation (Wandlung, Veränderung), Selbstverantwortung, Idealismus

ROSA: Farbe der Zärtlichkeit und Sanftheit, Geborgenheit und Glücksgefühl. Auch Farbe der inneren Heilung

ORANGE: Farbe der Fröhlichkeit, Lebendigkeit und Vitalität, Feinfühligkeit und Kreativität

BRAUN: Farbe der Erdverbundenheit und Bodenständigkeit, verwurzelt, Kraft, Ruhe, Gemütlichkeit und Gelassenheit

WEISS: Farbe der Reinheit (von den Yogis), Aufrichtigkeit, selbstbewusst, Durchsicht und Wahrheitsliebe

GOLD: Farbe der Kraft, Energie und des Wohlstands

Fühle dich wohl mit deiner Lieblingsfarbe.

12. März

Hände-Zauber

Ich möchte dich einladen, einfach einmal die Fingerspitzen beider Hände aneinander zu legen, so dass sich alle Fingerpaare an den Fingerspitzen berühren.

Halte diese Handposition einen kleinen Moment, denke an etwas Schönes und atme ganz entspannt weiter.

Wenn du jetzt fragst, was soll das, will ich es dir gerne verraten:

Diese Handhaltung lernen auch die Politiker und Manager. Falls du einmal bewusst darauf achtest, kannst du es manchmal im Fernsehen beobachten. Auch einige TV-Moderatoren nehmen diese Handhaltung ein.

Es ist eine Handhaltung, die schon die Yogis seit vielen hunderten von Jahren anwenden. Sie beruhigt die Gedanken, zentriert deinen Körper und hilft dir, dich gut zu konzentrieren.

Du kannst diese Handhaltung jederzeit anwenden, denke also an den „Hände-Zauber".

13. März

Deine Schwächen

Hast du dir schon einmal darüber Gedanken gemacht, was deine Schwächen sind?

Schwächen sind Dinge, die du nicht so gut kannst oder die vielleicht nicht so toll an dir sind.

Eine Schwäche kann zum Beispiel sein:

- nicht so gut im Rechnen zu sein,
- manchmal zu schnell wütend zu werden,
- faul zu sein,
- manchmal zu viel naschen,
- frech zu sein
- unhöflich zu sein

Jeder Mensch hat Schwächen, sie gehören zu uns. (Wer sagt, er habe keine, schwindelt wohl ein wenig.) Es ist gut, sie sich bewusst zu machen, und wenn man dann möchte, kann man die Schwächen verändern.

Überleg dir einfach mal deine Schwächen (und schreib sie auf), egal, was es ist.

Meine Schwächen sind:

....

....

Deine Schwächen gehören zu dir. Bewerte sie nicht in gut oder schlecht, egal, was es ist, akzeptiere sie.

14. März

Deine Stärken

Mach dir jetzt Gedanken über deine Stärken. Was kannst du ganz besonders gut? Bist du gut im Malen, Sport oder Rechnen, bist du hilfsbereit, ehrlich, fröhlich? Bist du freundlich? Kannst du gut zuhören, wenn dein Freund oder deine Freundin traurig ist?

Finde weitere Beispiele und schreibe deine Stärken auf. Durch das Aufschreiben wird dir dann auch erst bewusst, wie viele Stärken du überhaupt hast. Oftmals ist man sich dessen gar nicht bewusst.

Deine Stärken:

....

....

Mach sie dir bewusst und sei stolz auf deine Stärken!

15. März

Sei fleißig

Arbeite in der Schule immer gut mit.

Warst du faul in der Schule, hast nicht gelernt und deshalb eine schlechte Note bekommen, betrachte es als Bewertung deiner Faulheit.

Hast du gelernt und dich wirklich bemüht, aber das Ergebnis ist nicht so gut ausgefallen, betrachte es als Ansporn. Du hast dir Mühe gegeben, musst aber noch ein wenig mehr lernen.

Tu immer dein Bestes und sei fleißig.

16. März

Begegne Gewalt niemals mit Gewalt

Das bedeutet nicht, dass du dir grundlos wehtun lassen und dich schlagen lassen sollst. Es bedeutet auch nicht, dass du dich nicht verteidigen sollst.

ABER prüfe die Situation genau.

Versuche eine heikle Situation, wenn jemand dich angreifen will, immer zuerst mit Worten zu verändern. Kannst du aber absolut nichts erreichen und sagt dir dein Gefühl, dass du dich verteidigen sollst, weil deine Worte abgeprallt sind, dann verteidige dich.

Verteidigen heißt: abwehren und nicht mit Gewalt angreifen (dies ist eine Weisheit der heiligen Krieger).

Prüfe genau, wann es wichtig ist, sich zu wehren, oder es besser ist, einfach wegzugehen.

Einfach wegzugehen hat nichts mit Feigheit zu tun, man braucht schon eine große innere Stärke dazu.

Also: Spürst du irgendwo Gewalt, reagiere niemals mit dem gleichen Gefühl!

17. März

Achte auf ein gepflegtes Äußeres

Reinige deinen Körper täglich,
putze deine Zähne regelmäßig und gründlich,
kämme deine Haare mehrmals täglich,
wasche regelmäßig deine Haare,
achte auf deine saubere Kleidung.

Für all dies brauchst du keine Reichtümer, fühle dich aber dann wie ein König.

Achte auf ein gepflegtes Äußeres!

18. März

„Was du heute kannst besorgen, das verschiebe nicht auf morgen."

Ein altes Sprichwort – also, was hast du heute noch Wichtiges zu tun?

Hast du alle wichtigen Aufgaben/Arbeiten erledigt?
Hattest du heute Streit und hast dich noch nicht wieder vertragen?
Hast du heute schon gelacht und positive Gedanken gehabt?

Was immer noch Wichtiges zu tun ist – erledige es möglichst jetzt und heute noch.

„Was du heute kannst besorgen, das verschiebe nicht auf morgen."

19. März

Trage dein Herz nicht auf der Zunge

Wenn du Sorgen oder Probleme hast oder es dir nicht gut geht, solltest du dich jemandem anvertrauen.

Dann kannst du deine Probleme mitteilen (und auch so mit jemanden teilen). Wenn du ein sehr großes Anliegen oder Problem zum Mitteilen hast, dann suche dir auch wirklich nur eine oder zwei Personen deines Vertrauens aus. Vielleicht sind es deine Eltern oder ein sehr guter Freund oder eine Freundin. Diese sollen wirklich sorgfältig ausgesucht werden, damit du auch weißt, es bleibt nur bei diesen Personen, wird nicht herumerzählt und kein „Stadtgespräch". Es gibt Dinge, die gehen wirklich nur dich etwas an. Wenn du etwas auf dem Herzen oder ein Problem hast, dann teile es nicht jeder Person mit, die dir gerade über den Weg läuft.

Es ist ja schließlich DEINE PRIVATSACHE.

Also: „Trage dein Herz nicht auf der Zunge" und teile nicht jedem alles mit!

Suche dir sorgsam Personen deines Vertrauens aus!

20. März

Ich kann dich nicht riechen

Jeder Mensch hat einen ganz besonderen eigenen Geruch. Es gibt Menschen, dazu gehören Männer wie auch Frauen, die sich scheinbar selbst nicht riechen können und deshalb manchmal viel zu viel Parfüm benutzen. Ein ganz dezenter schöner Geruch ist sehr angenehm, nicht aber, eine riesige Duftwolke hinter sich zu lassen.

Manchmal ist diese Duftwolke so riesig, dass man richtig husten muss. Mit so einer Parfüm-Duftwolke können andere einen vielleicht erst recht nicht mehr riechen.

Mache es dir bewusst, und wenn du irgendwann mal fremde Duftstoffe oder Deos benutzt, dann aber wirklich nur sehr zart dosiert.

Dann kannst du sagen: Ich kann dich riechen – ich mag mich riechen.

21. März

Zwei Dinge täglich

Ein weiser Mann namens Yogi Bhajan hat einmal gesagt:

Zwei Dinge sollst du täglich tun, um gesund zu bleiben:

einmal schwitzen – einmal lachen.

Halte dich auch daran. Bewege dich mindestens einmal am Tag, egal, ob zu Fuß oder mit dem Fahrrad, sodass du wirklich total ins Schwitzen kommst. Dein Körper läuft auf Hochtouren und kann viele Gifte ausscheiden.

Und einmal am Tag (das ist wirklich das absolute Minimum!) lache von ganzem Herzen. Lachen befreit, entspannt und macht so richtig glücklich.

Denke daran: täglich mindestens einmal schwitzen, einmal lachen!

22. März

Polizeichef

Im Körper haben alle Menschen viele kleine „Polizisten", die sogenannten Blutkörperchen. Sie halten unser Blut sauber und werden ganz besonders aktiv, wenn man krank ist.

All diese kleinen Polizisten haben einen großen POLIZEICHEF. Diesen Polizeichef findet man auch im Körper wieder. Der Polizeichef wohnt genau in der Mitte der Brust und wird in unserem Körper Thymusdrüse genannt. Die Thymusdrüse ist eine Hormondrüse und produziert u.a. Zellen, welche die Menschen bei Krankheiten schützen. Außerdem wird durch Aktivierung der Thymusdrüse unsere Lebensenergie verstärkt.

Eine Aufgabe für dich:

Begrüße morgens, wenn du aufstehst oder wann immer du daran denkst, deinen Polizeichef. Klopfe ganz zart den Bereich in der Mitte der Brust und aktiviere dein Immunsystem. Das hält dich gesund.

Danke und begrüße regelmäßig deinen Polizeichef!

23. März

Tag der Heilung

Mache dir gerade heute bewusst, dass du in diesem Moment mit deiner ganz persönlichen Heilung beginnen kannst. Heilung ist eigentlich etwas ganz Normales. Du kannst dich von irgendeinem Ärger, von deinen Sorgen, deinem Kummer oder von deiner Wut heilen. Dazu brauchst du keinen Arzt, denn du kannst es alleine tun. Zum Arzt solltest du gehen, wenn dir dein Körper Beschwerden macht.

Von komischen Gefühlen kannst du dich selber heilen, indem du einfach deine Gedanken auf „Heilung und Gesundheit" programmierst.

Entscheide dich ab heute für positive Gedanken und sage dir wie eine Botschaft:

Heute ist der Tag meiner Heilung und Gesundheit. Liebevoll und bewusst sorge ich für mich.

(Falls es dir noch schwerfallen sollte, dann schreibe doch einfach deinen Ärger, deine Sorgen, deine Wut auf einen Zettel, zerreiße ihn dann in kleine Stücke und wirf diese dann in den Müll. Anschließend dürfen dann deine positiven Gedanken wieder da sein.)

24. März

Sag nicht JA, wenn du NEIN meinst

Versuche immer dem zuzustimmen, was sich für dich gut anfühlt. Sag nicht zu einer Sache JA, weil du dich überrumpelt fühlst oder du meinst, du musst es tun, um anderen zu gefallen.

Wenn du JA sagst und in Wirklichkeit eine totale Abneigung hast und in Gedanken lieber NEIN gesagt hättest, dann leidet dein ganzer Körper.

Dir geht es nicht gut damit, es beschäftigt dich vielleicht noch lange in Gedanken: „Hätte ich doch lieber NEIN gesagt!"

Sage immer das, was du auch wirklich meinst! Nimm lieber in Kauf, dass deine Freunde oder andere Menschen um dich herum mit deinem NEIN einen Moment Schwierigkeiten haben, vielleicht sogar ein wenig sauer auf dich sind, du dich dabei aber wirklich gut fühlst.

Sage niemals JA, wenn du in Wirklichkeit NEIN meinst. Entscheide, was sich in dir gut anfühlt!

25. März

Halte dich an Verbote

Wenn andere Menschen – Eltern, Verwandte, Lehrer oder weitere Menschen – dir klare Regeln aufzeigen und dir etwas verbieten, dann halte dich stets daran.

Sie verbieten dir nicht einfach etwas, um dich zu ärgern, sondern sie können bestimmte Dinge aus ihrer Erfahrung heraus anders einschätzen als du. Sie erkennen das Risiko oder die Gefahr, die dahinter steckt, die du in diesem Moment gar nicht erkennen kannst.

Sei nicht verärgert darüber, auch wenn es noch so aufregend und spannend sein mag. Geh kein Risiko ein und gefährde nicht dein Leben!

Halte dich stets an Verbote!

26. März

Es fängt etwas Neues an

Viele Dinge, die neu sind, können manchmal ängstliche oder komische Gefühle in deinem Körper verursachen. Du brauchst aber gar nicht ängstlich zu sein. Neue Dinge sind sehr schön.

Es kann eine neue Aufgabe sein, eine neue Erfahrung, eine neue Sichtweise oder ein neuer Lebensabschnitt. Warum deshalb Angst haben?

Das Neue kann doch sehr spannend sein. Lass dich einfach auf das Neue ein. Außerdem ist dein Schutzengel immer bei dir. Es fängt immer etwas Neues an, hab Vertrauen und sei gespannt darauf. Nimm alles an, was in deinem Leben an Ereignissen auf dich zukommt. Lass dich einfach in diesem Strom des Lebens mittreiben.

Freue dich auf alles NEUE.

Sage dir: Es fängt etwas Neues an, ich vertraue und freue mich darauf.

27. März

Luftsprünge

Hast du im März schon einmal die kleinen Lämmer oder Fohlen auf der Wiese beobachtet?

Sie toben ausgelassen und übermütig herum. Sie wirken ganz besonders wild, wenn sie von den Sonnenstrahlen auf ihre Nasen gekitzelt werden. Sie tollen herum und machen vor Freude viele Luftsprünge. Sie genießen das Leben und ihre Lebensfreude.

Gerade jetzt kannst du viel von den Tierkindern lernen. Sie genießen voller Lebensfreude die Vorboten des Frühlings. Wann hast du dich das letzte Mal so ausgelassen und glücklich gefühlt, dass du am liebsten Luftsprünge gemacht hättest?

Genieße den Vorfrühling.
Genieße dein Leben.
Genieße deine Lebensfreude.

Fühle dich ausgelassen und glücklich, als würdest du am liebsten auch Luftsprünge vor Freude machen!

28. März

Hinter die Masken sehen

Wenn du Menschen neu begegnest, dann beurteile nicht gleich den ersten Eindruck. Versuche zu lernen, immer hinter die Maske zu sehen oder zu spüren. Viele Menschen verstecken ihre wahren Eigenschaften oft hinter Masken.

Du kennst vielleicht einen Schüler, der immer eine ganz große Klappe hat, immer der Anführer sein möchte und anderen droht, sie zu verhauen. Dieser Schüler versucht, Mitschülern und Mitschülerinnen Angst zu machen. Vielleicht macht er es, weil er unsicher ist, selber Angst hat und gerne viele Freunde hätte.

Du kennst vielleicht eine Schülerin, die sich immer zickig und arrogant benimmt. Vielleicht fühlt sie sich in Wirklichkeit aber ganz schüchtern und traut sich nicht, es zu zeigen.

Wenn dir solche Menschen begegnen, musst du sie nicht lieben und ihr bester Freund sein. Urteile aber nicht voreilig, sondern versuche, hinter ihre Maske zu schauen. Manchmal reicht ein Gespräch schon aus.

Komisches Verhalten? Versuch einmal hinter die Masken zu schauen, was könnte da sein?

29. März

Mit Geschick und Feingefühl

Wenn du etwas erreichen möchtest, ist es oft sehr ratsam, mit Geschick und Feingefühl an die Situation heranzugehen. Wenn du eher plump vorgehst, kann es auch schnell schiefgehen.

Ein Beispiel: Du sitzt neben einem Schüler oder einer Schülerin, der oder die nur den Unterricht stört, ganz frech ist und sich unmöglich benimmt. Du kannst es gar nicht mehr aushalten und möchtest die Plätze tauschen. Du könntest natürlich sagen: „Ich finde dich total doof und will nicht mehr neben dir sitzen." Als Reaktion wird er/sie dann nur ganz bockig sein, weil er/sie sich ganz stark verletzt fühlt und jetzt erst recht nicht tauschen wird.

Hast du jemanden gefunden, neben dem du gerne sitzen möchtest, könntest du an die Sache mit Geschick und Feingefühl herangehen. Sage dann einfach, dass du einen neuen Freund gefunden hast und ihr gerne zusammen sitzen möchtet. Frage dann den störenden Schüler, ob er dir nicht den Wunsch erfüllen möchte und den Platz tauscht. Eigentlich kann dir dann niemand mehr diesen Wunsch abschlagen.

Also nicht PLUMP, sondern mit Geschick und Feingefühl an die Sache herangehen.

30. März

Jeder Tag ein Neubeginn

Jeder neue Tag ist so, als würdest du eine neue Seite in einem Buch zu lesen beginnen. Das alte ist auch immer noch wichtig, aber du hast etwas Neues aufgeschlagen und bist jetzt bei etwas Neuem. Würdest du immer noch beim Alten bleiben, könntest du die neue Seite gar nicht lesen und auch nicht verstehen.

So ist es auch mit deinem Leben. Jeder neue Tag ist auch wirklich ein neuer Tag – ein Neubeginn, eine neue Seite in deinem Lebensbuch. Das, was gestern nicht so toll war, kannst du heute anders machen. Hattest du gestern viel Ärger und Streit, dann versuche heute einfach viel Freude und Spaß zu haben.

Halte nicht an alten Geschichten von gestern fest.
Du lebst jetzt und heute… in diesem neuen Moment.

31. März

Heute schon gelacht?

Lachen ist genauso wichtig in deinem Leben wie der Atem, die Nahrung und das Wasser.

Lachen befreit alle Spannungen in deinem Körper und bringt Leichtigkeit und Lebensfreude in dein Leben.

Lachen ist gut für deine Gesundheit, es werden ganz viele „Glückshormone" freigesetzt.

Erwachsene gehen sogar schon in Lachseminare, lache du lieber einfach so.

Nutze die Chance und lache von Herzen, sooft du nur kannst, habe einfach Spaß.

Einfach lachen und sich gut fühlen.

1. April

Mach mal eine Pause

Es gibt Tage, an denen du so viel zu erledigen hast, dass du fast meinst, du schafft das alles nicht. Oder du steckst gerade in einer ganz schwierigen Hausaufgabe oder Bastelarbeit und vor lauter Anstrengung kommst du nicht weiter.

Gerade in diesen Momenten ist es wichtig, eine Pause zu machen. Auch wenn du meinst, du dürftest keine Sekunde mit deiner Arbeit aufhören...

Das ist Quatsch, denn je angespannter du bist, desto schwieriger wird es sich für dich gestalten!

Nimm dir Zeit für eine kleine Pause, entspanne einen Moment, trink etwas Wasser, iss ein wenig Obst, tank ein wenig frische Luft... und du wirst sehen, wie entspannt du die Dinge dann viel leichter bewältigen kannst.

Du hast dich aus dieser extremen Anspannung gelöst und kannst dann entspannt weitermachen. Probier es aus!

Mach mal eine Pause...

Lass dich nicht ärgern

Geht bei dir mal etwas daneben oder du hast etwas total falsch gemacht, lass dich nicht von Freunden oder Mitschülern ärgern. Warum auch? Nimm es doch einfach mit Humor und lache mit den andern und sage dann ganz lässig: „Tja, ich übe eben noch!"

Das ist eine leichte, humorvolle Art, mit einem Missgeschick umzugehen, und das Tollste daran ist, dass du dir selber eingestehst, Fehler machen zu dürfen. Lässt du dich dagegen ärgern oder auslachen, dann wirst du Wut oder andere komische Gefühle in deinem Bauch bekommen und dich ganz schlecht fühlen.

Uns allen passieren manchmal Missgeschicke. Egal, ob groß oder klein, wir alle machen Fehler und müssen immer wieder neu Dinge üben.

Sei also niemals zu streng mit dir und lasse dich nicht ärgern. Nimm es mit Humor!

3. April

STOPP – halt inne

Stopp – gerade *jetzt* mach eine Minute Pause und halt inne!

Spüre in deinen Körper hinein: Wie fühlt er sich jetzt an?

Spüre deine Gedanken auf: Was ist los in deinem Kopf?

Nimm alle Geräusche um dich herum wahr.

Schau mal bewusst aus dem Fenster: Was ist draußen los?

Einmal am Tag halte für einen Moment inne und nimm dich, deine Gedanken und deine Umgebung bewusst wahr.

4. April

Kümmere dich

Sei kein Mensch, der mit Scheuklappen durch die Gegend läuft und sich für seine Umwelt und Mitmenschen nicht interessiert.

Wenn jemand deine Hilfe braucht, dann kümmere dich auch um diesen Menschen. Sei einfach da, oder biete deine Hilfe an.

Vielleicht braucht auch jemand deine aufmunternden oder trösten-den Worte.

Wenn jemandem etwas heruntergefallen ist, dann heb es bitte auf.

Halte mal die Tür auf, wenn jemand vollbeladen oder den Kinder-wagen schiebend aus dem Einkaufsmarkt kommt.

Es gibt viele Möglichkeiten, sich um andere Menschen zu kümmern, soweit es möglich ist. Es muss ja nichts Weltbewegendes sein, die Kleinigkeiten, überhaupt etwas zu tun, sind sehr wichtig.

Leg deine Scheuklappen ab und kümmere dich um andere Menschen, wann immer es dir möglich ist!

5. April

Es geht auch mal etwas kaputt

Jedem Menschen passiert mal ein Missgeschick, und es geht etwas kaputt. Geschirr geht zum Beispiel zu Bruch, die volle Saftflasche kippt um, ein Spielzeug zerbricht, in der Fensterscheibe landet ein Fußball usw. …

So ein Missgeschick passiert sehr schnell, *auch wenn du es nicht mit Absicht getan hast.* Habe deshalb auch keine Angst vor Strafe. Der Schreck ist schon groß genug. Auch wenn es das neue Lieblingsspielzeug deines Freundes war oder die neue Fensterscheibe oder der Kirschsaft auf dem hellen Teppich…

Egal, wie unangenehm das Missgeschick ist, fühle dich gerade jetzt nicht schuldig oder schlecht. Auch wenn jemand meckert oder weint – es ist der erste Schreck.

Bleib ganz ruhig, atme tief durch und denke: So ein Mist – aber fühle dich nicht schuldig.

Es gibt im Leben wahrlich Schlimmeres als einen Fleck auf dem Teppich, eine kaputte Fensterscheibe, ein zerbrochenes Lieblingsspielzeug.

Anstatt dich schlecht zu fühlen und zu weinen, überlege dir lieber eine Lösung und bitte deine Eltern um Hilfe.

Es geht immer mal etwas kaputt.

6. April

Wichtig ist der Anfang

Eine wirklich schwierige Aufgabe wartet auf dich. Warum Angst davor haben und diese Aufgabe immer wieder von dir wegschieben? Irgendwann muss diese Aufgabe sowieso von dir bewältigt werden.

Mach dich mit dieser Aufgabe gedanklich vertraut, das bedeutet: Denke daran und stelle dir vor, wie du sie lösen wirst.

Setze dir dann einen genauen Termin, zum Beispiel: Heute Morgen will ich beginnen. Immer wieder wegschieben und sich Gedanken machen und Angst davor haben bringt gar nichts, außer dass du dich immer schlechter fühlen wirst.

Wichtig ist, den Anfang zu wagen und zu beginnen, dann hast du schon das größte Hindernis überwunden. Es ist schon ein großer Teil deiner Aufgabe geschafft…

Sich trauen und einen Schritt nach vorne zu wagen ist ganz wichtig, auch besonders dann, wenn du zum Beispiel Angst hast, dich in der Schule zu melden. Aber was kann dir schon im schlimmsten Fall passieren? Niemand wird dir für eine falsche Antwort den Kopf abreißen, und wenn andere Kinder lachen – dann lach einfach mit. Das ist auf jeden Fall besser, als dich in deiner Angst zu verstecken.

Trau dich, beginne und wage den Anfang!

7. April

Über Gefühle und so

Hast du dir einmal so richtig wehgetan, dann spiele nicht den „Harten“ oder die „Harte“. Nach dem Motto: Es tut mir ja so weh, aber ich zeige es niemandem. Sonst lachen sie bestimmt über mich.

Das ist totaler Quatsch. Wenn du dir wehgetan hast, dann spüre den Schmerz. Wenn es dir so wehtut und du weinen musst, dann weine auch! Egal, ob du ein Junge oder Mädchen bist! Weinen ist immer erlaubt.

Lass deine echten und wirklichen Gefühle immer zu, sie brauchen es.

Nimm es auch an, wenn Freunde oder die Eltern deiner Freunde dich trösten wollen. Deswegen bist du noch lange kein WEICHEI (wie einige Kinder sagen) – im Gegenteil, wisse, wie schön es ist, getröstet zu werden oder eine Hand auf die schmerzende Stelle gelegt zu bekommen.

Zeige deine Gefühle, erlaube dir zu weinen und lass dich immer trösten.

8. April

Komische Blicke – komische Leute

Als Kind magst du manchmal das Gefühl haben, die Erwachsenen würden dich komisch ansehen. Vielleicht hast du vor bestimmten Blicken auch Angst und würdest am liebsten weglaufen, weil dich „komische Leute" ansehen.

Komische Leute mit komischen Blicken sehen manchmal anders aus als deine Eltern.

Solche Menschen findest du aber überall. Versuche dich von diesen „komischen Blicken der komischen Leute" nicht ängstigen und dich klein machen zu lassen. Manche Menschen machen sich auch einen Spaß daraus, Kinder komisch anzuschauen.

Fühle dich einfach stark und versuche immer ganz mutig zu sein, dich nicht einschüchtern zu lassen.

Probiere es doch mal aus und versuche auch mal kurz komisch zurückzuschauen. Wegdrehen oder weggehen kannst du ja immer noch. Übe es richtig, dich durch komische Blicke nicht einschüchtern zu lassen.

Es gibt immer andere Menschen, die komisch wirken. Lass dich nicht ängstigen.

Fühlst du dich bei solchen Blicken ganz unwohl, hülle dich gedanklich einfach in einen Schutzmantel aus goldenem Licht– es wird dir helfen.

Komische Blicke, komische Leute – hab keine Angst davor!

Meereswellen

Sicherlich warst du schon irgendwann mal am Meer und hast dort die Wellen beobachtet: Die Meereswellen bewegen sich immer auf und ab – auf und ab. Das Meer ist immer in Bewegung. Bei starkem Wind sind die Wellen etwas stärker und bei Windstille sind sie ganz klein und kaum sichtbar. Wellen türmen sich auf und bilden einen Wellenkamm. Dann ist das Meer wieder kurz flach, bis sich die nächste Welle auftürmt. Es ist immer ein ständiges Auf und Ab.

Und genauso wie bei den Meereswellen ist es auch in deinem Leben. Es geht immer wieder auf und ab. Wenn es *auf* geht, dann fühlst du dich supertoll. Dann folgt das *Ab*, das sind die Momente, in denen du dich nicht so gut fühlst. Irgendetwas läuft schief, du fühlst dich entsprechend schlecht. Es scheint, als solltest du nachdenken und daraus etwas Neues lernen.

Aber wisse: Egal, was ist, es geht auch wieder auf. Das ist einfach ein kosmisches Gesetz. Es gibt die tollen Momente, das Auf, und die weniger tollen, das Ab.

Lebe mit den Meereswellen: auf und ab – ab und auf!

10. April

Liebe deine Angst

Jeder Mensch hat im Leben vor etwas Angst. Auch du kennst bestimmt Situationen, in denen du große Angst vor etwas hast. Überlege mal genau...

Die Angst schleicht sich einfach ein, du kannst sie nicht wegschieben wie zum Beispiel einen alten Karton. Auch wenn du denkst, ich will diese Angst nicht haben, weg damit! Sie ist zwar kurz verschwunden, aber sie kommt schnell wieder.

Eine kleine Hilfe für dich: Meldet sich deine Angst, dann lass sie einfach kommen. Begrüße sie doch mal in Gedanken, wie einen alten Freund.

Vielleicht magst du deine Angst auch malen oder aufschreiben.

Wenn du mal wieder große Angst verspürst, dann sende ihr doch ein gold-gelbes Sonnenlicht aus deinem Herzen. Mach es ganz oft. Je mehr du von deinem „Sonnenlicht" zu deiner Angst sendest, je kleiner wird sie werden.

Denn wo so viel gold-gelbes Licht von deinem Herzen fließen kann, da wird die Angst langsam schmelzen, wie ein Schneemann im Sonnenschein.

Sende deiner Angst ganz viel von deinem Sonnenlicht aus deinem Herzen und lass sie schmelzen.

11. April

Ich Arme – ich Armer

Bedauere dich nicht selbst und fühle dich nicht immer als total schlecht behandelt.

Sieh dir lieber die Situation ganz genau an – was ist los?

Ein Beispiel: Beim Spaziergang wirst du angerempelt. Du denkst: Immer werde *ich* angerempelt, die machen es extra.

Noch ein Beispiel: Du tobst auf der Straße und ein Hund an der Leine springt dich an. Du denkst: Doofer Hundebesitzer, der erlaubt, dass sein Hund mich anspringt. Immer *ich*.

So zu denken ist Quatsch. Dann fühlst du dich als armes, kleines Menschenkind – als Opfer der Situation. Die anderen Menschen haben die Situation nicht extra gemacht, um dich bewusst zu ärgern.

Wenn du angerempelt wirst, hat vielleicht ein anderer geträumt oder der Weg war so eng. Der Hund hat dich angesprungen, weil er dachte, du wolltest mit ihm spielen.

Überdenke immer erst mal die Situation und fühle dich nicht sofort als armes, kleines Menschenkind, welches immer alles abbekommt. Gehe einfach bewusster und achtsamer durchs Leben!

12. April

Entschuldige dich

Du kannst immer einmal in eine Situation kommen, in der dir vielleicht ein paar doofe Worte rausrutschen oder du durch dein Verhalten einer anderen Person wehtust oder sogar einen Schaden zufügst. Dies kann zum Beispiel einfach auf dem Schulhof beim Fangenspielen passieren. Du möchtest einen Mitschüler fangen, kommst dabei ins Stolpern und reißt den Mitschüler um. Dieser tut sich dabei ziemlich weh.

Bedenke jetzt:

a) Du hast es nicht mit Absicht getan und
b) du wolltest niemandem wehtun, aber
c) es ist durch dich passiert.

Es ist eine dumme Situation, gerade wenn der Mitschüler sich dann auch noch so verletzt hat, dass er vielleicht sogar ins Krankenhaus muss. Auch wenn du dich jetzt schuldig und schlecht fühlst und es dir peinlich und unangenehm ist, stehe gerade jetzt zu deinem Verhalten. Denn du warst ja an dem Geschehen beteiligt.

Schuldig und schlecht musst du dich nicht fühlen, weil du es ja nicht absichtlich getan hast. Aber du hast die Pflicht, dich ordnungsgemäß zu entschuldigen.

Wenn es glimpflich ausgegangen ist, dann sage deinem Mitschüler ein paar nette Worte und lade ihn zu einem Eis ein. (Deine Eltern geben dir bestimmt Geld dafür, wenn du sie bittest.) Wenn es zum Krankenhausaufenthalt kommt, dann besuche deinen Mitschüler und sei wirklich, so gut es geht, für ihn da.

Wenn Erwachsene zum Beispiel einen Autounfall verursachen, ist es auch keine Absicht und sie müssen sich genauso verhalten – sie müssen sich entschuldigen und dies auch der geschädigten Person mitteilen.

Lerne dich zu entschuldigen und zu allem, was geschehen ist, zu stehen.

13. April

Das Leben ist voller Botschaften

Dein Leben ist täglich voller Botschaften.

Sei offen für die Botschaften, sie bereichern dein Leben und geben dir Lebensfreude und machen dich glücklich.

Die Botschaften können sein: ein paar nette Worte von Freunden, ein Brief, ein freundliches Lächeln einer anderen Person, ein nettes Gespräch, oder du entdeckst etwas Tolles in der Natur, beobachtest zum Beispiel ein Tier oder entdeckst eine wunderschöne Blume....

Es gibt viele Botschaften, und täglich gibt es immer wieder neue.

Sei offen für die täglichen Botschaften in deinem Leben!

14. April

Lachen und Liebe

Manche Menschen rennen von einem Arzt zum anderen. Sie fühlen sich schlecht und sind doch nicht richtig krank. Was fehlt ihnen nur?

Es gibt zwei Dinge, die genauso für Lebensfreude sorgen, was keine Medizin kann:

LACHEN: Wirklich von Herzen zu lachen macht so frei und glücklich. Lachen ist Humor und Lebensfreude. Sei auch einmal bereit, über dich selbst zu lachen.

LIEBE: Die Energie der Liebe kann so vieles heilen. Sei für alles offen, liebe dich und liebe deine Mitmenschen.

Versuche diese beiden „Bausteine" sinnbildlich mit in dein Leben einzubauen und dir wird es gut gehen (die kleinen Höhen und Tiefen gehören natürlich schon zum Leben).

Lachen und Liebe können heilen und unser Leben bereichern.

Bereichere dein Leben – lache und lass deine Liebe aus deinem Herzen strömen…

Menschen sind wie Magnete

Menschen sind manchmal wie Magnete – das bedeutet, dass sich gleiche Menschen magisch anziehen.

Ruhige Menschen ziehen Gleichgesinnte an; Kinder, die gerne spielen und Spaß haben, finden gleiche Freunde; Sportbegeisterte befreunden sich ebenso mit Sportfans; bewusste Menschen ziehen bewusste, naturverbundene Menschen an; ... aber chaotische Menschen ziehen auch Chaoten an.

Überlege dir einmal, zu welchem Menschentyp du gehörst.

Zu wem möchtest du dich am liebsten gesellen? Dann sende deine „Magnetströme" aus, dass du auch die richtigen Menschen anziehst, mit denen du eine schöne, gemeinsame Zeit verbringen kannst.

Denke an deine Magnetkraft!

16. April

Ich bin, wie ich bin

Ich bin, wie ich bin, das ist so.
Ich bin, wie ich bin, ok.
Keiner kann so sein, wie ich es bin,
und das ist so!

Sei stolz auf dich!

Zeilen von V. Zett

17. April

Mehrere Freunde – viele Freunde

Es ist schön, mehrere Freunde zu haben. Einfach zu wissen, mit dem einen Freund oder der Freundin kann ich gut reden, mit dem anderen kann ich prima rumtoben und spielen, mit dem anderen höre ich gerne Musik... usw.

So kannst du eine tolle Freundschaft zu ein paar anderen Kindern pflegen und ihr könnt viele schöne gemeinsame Dinge erleben.

Wenn der oder die eine mal nicht kann, dann hat bestimmt jemand anderer Zeit.

Klebe nicht nur an einem Freund oder einer Freundin. Suche dir immer ein paar nette Freunde aus, mit denen du gut klar kommst. Du musst gar nicht so viele Freunde haben. Wenn zu viele Freunde da sind, dann hat man manchmal kaum Zeit füreinander.

Freunde sind etwas sehr Wertvolles und Besonderes, und man kann Spaß miteinander haben oder sich einfach mal austauschen und viele Dinge besprechen.

Klebe nicht an einem Freund, suche dir ein paar wertvolle Freundschaften aus.

18. April

Benutze nur *die* Worte, deren Bedeutung du kennst

Bei deinen Freunden ist es bestimmt total cool, immer die tollsten Wörter drauf zu haben und damit anzugeben.

Sei dir aber im Klaren, dass es manchmal gar nicht so witzig ist, etwas vorlaut nachzuplappern, ohne die Bedeutung zu wissen. Ist doch dumm, etwas zu sagen, ohne zu wissen, was du sagst? Leider benutzen viele Kinder manchmal ziemlich schlimme Wörter, ohne die Bedeutung genau zu wissen.

Wähle sowieso nur Wörter aus, die du wirklich gerne sagen magst. Wähle keine Wörter, nur um anderen zu imponieren oder ihnen zu gefallen oder besonders cool zu wirken. Das ist doch dumm – oder?

Also benutze nur die Worte, deren Bedeutung du auch wirklich kennst und magst!

19. April

Verständnis für deine Eltern

Deine Eltern sind keine „Heiligen" oder total perfekte Menschen. Es sind ganz normale Menschen, die dich sehr lieb haben und auch mal Fehler machen und machen dürfen.

Es gibt Tage, da geht es deinen Eltern auch mal nicht so gut, sie sind vielleicht krank oder erschöpft vom anstrengenden Tag. Dann fehlt ihnen vielleicht die Geduld, über deinen Quatsch zu lachen oder dir zuzuhören. Du fühlst dich ungerecht behandelt, weil du vielleicht angemeckert wirst.

Wisse aber, deine Eltern merken es in diesem Moment vielleicht gar nicht.

Sei ganz verständnisvoll und weise, verzeihe deinen Eltern und sei dann liebevoll zu ihnen. (Sie sind es doch auch, wenn du mal einen „komischen Tag" hast.)

Liebe deine Eltern jederzeit und habe Verständnis für sie!

20. April

Fehler von anderen

Es ist immer leicht, über die Fehler von anderen zu reden, zu urteilen oder es besser zu wissen.

Fehler von anderen sieht man immer leichter als eigene Fehler.

Du bist auch nicht frei von Fehlern.

Anstatt über die Fehler von anderen zu reden, kümmere dich lieber um deinen eigenen Kram und deine Fehler.

Auch du machst viele Fehler in deinem Leben. Niemand ist perfekt.

Lerne aus deinen Fehlern – lass die anderen ihre eigenen Fehler machen.

21. April

Nobody is perfect – Niemand ist perfekt

Wenn du gerade angefangen hast, etwas zu lernen – meine nicht, sofort perfekt sein zu müssen. Das kann niemand. Alle müssen lernen, üben – üben und üben...

Wenn du meinst, alles sofort perfekt zu beherrschen, setzt du dich wahnsinnig unter Leistungsdruck, und dann kann es nicht klappen.

Gestehe dir lieber Fehler und Schwächen ein, aber tu auch etwas dafür und übe.

Nicht umsonst sagt man:

„Es ist noch kein Meister vom Himmel gefallen."

Alle müssen lernen und üben.

Wenn etwas einmal nicht so perfekt gelaufen ist, ärgere dich ein wenig, nimm es aber mit Humor und sieh es als Ansporn zu üben.

Du musst nicht perfekt sein – Übung macht den Meister.

22. April

Krafttier

Du magst bestimmt Tiere – und es gibt auch ein Tier, das du ganz besonders magst.

Überleg einmal ganz genau....

Stell dir dieses Tier in Gedanken vor und male es dann auf einem Blatt Papier. Lies etwas über dein Lieblingstier.

Welche besonderen Eigenschaften besitzt dein Lieblingstier?

....

Du kannst ab sofort dein Lieblingstier auch zu deinem „Krafttier" machen. Wann immer du dich schlecht oder ängstlich fühlst, denke an dein Krafttier und verbinde dich in Gedanken mit ihm.

Jedes Tier hat ganz besondere Eigenschaften. Und wenn du dich mit deinem Krafttier in Gedanken verbindest, dann wirst auch du dich wieder besser fühlen. Probier es aus.

Ein Beispiel: Der Löwe ist ein stolzes und kraftvolles Tier. Bei Ängstlichkeit könnte der Löwe ein guter Helfer für dich sein. Der Delphin ist schlau, weise und liebevoll; die Maus ist zart und leise; die Eule hat einen scharfen Blick und ist klug....

Welche Eigenschaften sendet dir dein Krafttier?

....

Finde dein persönliches Krafttier und verbinde dich mit ihm.

23. April

Regeln und Grenzen

In deiner Familie gibt es ganz bestimmte Regeln und Grenzen. Deine Eltern erziehen dich, um dir diese Regeln und Grenzen aufzuzeigen. Sie wollen dich lehren, wie du mit diesen Regeln und Grenzen in deinem Leben zurechtkommst.

In deinem ganzen Leben gibt es bestimmte Regeln und Grenzen, die du einhalten und akzeptieren musst. Es ist wie eine Vereinbarung. Hältst du diese Vereinbarung nicht ein, dann musst du eben mit einer besonderen (Straf-)Aufgabe etwas tun, um zu lernen, dich an Regeln zu halten.

Mit dieser Aufgabe wollen deine Eltern dich nicht ärgern, sie wollen dir nur zeigen, dass du dich auch an die Vereinbarung zu halten hast. Wenn dir die Regeln unklar sind, dann besprich sie mit deinen Eltern und lasse dir alles genau erklären.

Akzeptiere die Regeln und Grenzen und halte dich daran!

24. April

Strafe

Wie du weißt, wollen deine Eltern dich mit einer „Strafe" nicht ärgern oder quälen, sie wollen dir zeigen, dass du etwas gemacht hast, was nicht in Ordnung war.

Eine Strafe kann sein:

- darüber schreiben, was du nicht so gut gemacht hast
- du kannst für einen Zeitraum eine bestimmte Aufgabe bekommen
- du könntest dein Zimmer aufräumen
- vielleicht eine Zeit auf deinen Computer oder das Fernsehen verzichten

Auch wenn es für dich schwer zu verstehen ist – aber in dieser Zeit kannst du darüber nachdenken, warum du es nicht so gut gemacht hast und wie du es in Zukunft machen möchtest.

Wenn du die Strafe als ungerecht ansehen solltest, dann sprich doch mit deinen Eltern darüber. Erkläre ihnen deinen Standpunkt und sie werden dir auch ihre Meinung mitteilen. Vielleicht wirst du dann verstehen und einsehen, warum du nun eine Strafaufgabe bekommen hast.

Strafe bedeutet: Zeit zum Nachdenken und Überlegen. Nutze diese Zeit!

25. April

Noch einmal, noch einmal

Verhalte dich nicht wie ein Bettler und sage nicht ständig: „noch einmal, noch einmal..."

Oder wenn deine Eltern dir zum Beispiel erlaubt haben, einen Moment Fernsehen zu schauen, dann akzeptiere auch sofort, wenn deine Eltern dann sagen, dass es Zeit ist, zum Ende zu kommen.

Bettle nicht herum: „Noch einen Moment ...".

Wenn Schluss ist, dann ist Schluss, und wenn Nein gesagt wurde, dann gilt das Nein.

Akzeptiere, was deine Eltern sagen, und bettle nicht ständig weiter. Damit wirst du höchstens das Gegenteil erreichen. Deine Eltern wissen ganz bestimmt, was für dich wichtig und gut ist. Sie können viele Dinge besser einschätzen.

Bettle nicht immer wieder!

26. April

Frech und vorlaut

Frech und vorlaut sind zwei Eigenschaften, mit denen du immer unangenehm auffallen wirst. Egal, ob zu Hause, in der Schule oder bei Freunden.

Manche Kinder wollen sich dadurch unheimlich wichtig machen und sich in den Vordergrund stellen. Sicher werden erst mal andere Kinder darüber lachen, aber wirkliche Freunde findest du mit diesem Verhalten nicht.

Immer am lautesten loszubrüllen, zuerst dazwischenzurufen oder die schlimmsten Schimpfwörter zu benutzen ist nicht immer so witzig, wie du vielleicht meinst.

Zuerst lachen sie über dich, dann werden sie dich aber doch als frech bezeichnen und vielleicht sogar von dir Abstand nehmen wollen.

Oder möchtest du mit jemandem befreundet sein, der immer frech und vorlaut ist?

Du brauchst nicht frech und vorlaut zu sein, um dich dadurch interessant zu machen.

Sei einfach so, wie du bist.

27. April

Wut und so

Alle Menschen sind manchmal so richtig wütend.

Auch du hast bestimmt einmal einen Grund, so richtig wütend zu sein. Deine Wut ist wichtig. Nimm deine Wut ernst und erlaube ihr herauszukommen. Du kannst für dich alleine mal so richtig laut losschimpfen oder auch in deinem Zimmer herumtrampeln.

Aber lass deine Wut nicht an anderen Menschen aus – egal, ob mit Worten oder Taten. (Falls es doch mal geschieht, dann entschuldige dich dafür.)

Lass doch lieber deine Wut für dich ganz alleine raus. Deine Wut ist ein Teil von deinen Gefühlen und gehört auch zu dir. Empfinde deine Wut niemals als schlecht oder böse, sondern sieh sie einfach als einen Freund an.

Wenn du mal wieder so richtig wütend bist, dann lass deine Wut, wie oben beschrieben, raus und sage dann: „Danke, Wut, ich mag dich." Auch wenn es komisch klingt, aber deine Wut ist ein Teil von dir. Sie gehört zu dir, und du darfst sie nicht unterdrücken. Damit unterdrückst du dich selber und nimmst dir etwas von deiner Lebensfreude und Lebenskraft.

Erlaube dir, wütend zu sein, lass die Wut raus und schließe sie dann in dein Herz: „Wut, ich mag dich."

28. April

Anerkennung und Dank

Viele Dinge sind für dich vielleicht selbstverständlich.

Du bekommst zwischendurch mal ein Geschenk, ein Eis oder etwas zum Naschen.
Du machst Ausflüge mit deinen Eltern oder ihr fahrt an schöne Urlaubsziele.
Du bekommst ein neues Kleidungsstück.
Du bekommst Geld für einen Kinobesuch oder für eine Zeitschrift.
Oder deine Eltern fahren dich zu Freunden oder zur Schule.

All diese Dinge sollten für dich *keine* Selbstverständlichkeit sein, sondern du solltest diese Dinge besonders wertschätzen und dich auch dafür bedanken.

All diese Dinge sind etwas Besonderes, nimm sie nicht als selbstverständlich hin.

Also denke bei all diesen besonderen Dingen auch an deine Anerkennung und deinen Dank!

29. April

Kraftquelle im Herzen

Fühlst du dich einmal so richtig müde und schlapp, dann lade dich mit Energie auf, so wie auch eine Batterie neu aufgeladen werden kann.

Mache folgende Übung: Stell dich aufrecht und ganz bequem hin (bitte ohne Schuhe). Deine Füße stehen ganz sicher auf dem Boden. Falls du wackelig bist, bewege deine Zehen ein wenig hin und her. Strecke deine Arme zur Decke aus, als wolltest du etwas von oben greifen.

Stell dir vor, wie in deinem Herzbereich eine strahlende goldene Sonne immer größer wird und immer kräftiger strahlt.

Das goldene Licht breitet sich immer mehr in deinem Körper aus.

Es fließt bis in deine Füße. Lass dann aus deinen Füßen tiefe Wurzeln in den Boden wachsen. Stell dir vor, wie du ganz verwurzelt stehst und dich mit dem Boden (der Mutter Erde) verbunden fühlst. Spüre diese Kraft.

Kannst du eine gute Verbindung zum Boden spüren?

Dann lasse das goldene Sonnenlicht auch in deinen Oberkörper strömen. Hebe deine Arme und strecke dich zum Himmel empor.

Jetzt stehst du da wie ein starker, kräftiger Baum. Er hat lange tiefe Wurzeln bis tief in die Erde und eine wunderschöne Baumkrone, die sich zum Himmel emporstreckt.

Du stehst ganz sicher und bist erfüllt von dem goldenen Sonnenlicht, welches wie aus einer Kraftquelle aus deinem Herzen überallhin in deinen Körper fließt.

Es klingt zuerst ein wenig kompliziert, wenn du es aber ein paar Mal gemacht hast, wirst du merken, wie einfach und wirkungsvoll diese Übung ist. Sie schenkt dir ganz viel Konzentration und Standfestigkeit für dein Leben.

Nutze deine Kraftquelle!

30. April

Was brauchst du zum Glücklichsein?

Schreib bitte alles auf, was dir so einfällt. Sei nicht schüchtern und bescheiden, schreib einfach drauf los....

... und nun:

Was brauchst du *wirklich* zum Glücklichsein?

Überdenke alle deine Gedanken und Wünsche, die du oben aufgeschrieben hast, bitte noch einmal. Können sie dich *wirklich* glücklich machen?

Überleg doch noch einmal und schreibe auf:

Was brauchst du *wirklich* zum Glücklichsein?

1. Mai

Regenbogenlicht

Wenn es dir einmal in deinem Leben nicht so gut geht, dann nimm dir Zeit zum Ausruhen.

Setz dich oder leg dich ganz entspannt hin und male in Gedanken mit den tollsten Farben einen wunderschönen Regenbogen.

Diesen Regenbogen lässt du um deinen Körper herum strahlen. Der Regenbogen umhüllt dich wie eine schützende Decke.

Genieße die strahlenden Farben und lass die Kraft des Regenbogens auch in deinen Körper fließen.

Schon sehr schnell spürst du eine Veränderung in deinem Körper – versuch es einmal.

Du wirst dich entspannt fühlen und wie neu aufgeladen.

Spüre die Kraft des Regenbogens in dir und fühle dich wieder gut.

2. Mai

Frühlingserwachen

Alles fängt an zu sprießen, zu grünen und zu blühen. Eine neue Jahreszeit beginnt, alles ist voller Kraft und Energie.

Die Vögel zwitschern, die Blumen und Bäume beginnen zu wachsen, die Tiere wachen aus dem Winterschlaf auf und beginnen voller Lebensfreude, Kraft und Wildheit herumzutoben.

Lass dich einladen und genieße auch DU ganz bewusst den Frühling.

Nimm dir Zeit, die Blumen zu sehen und zu riechen und all die tollen Farben bewusst zu sehen. Höre den Vögeln zu, beobachte die spielenden Tiere.

Renne nicht kopflos durch die Gegend, erwache und genieße diese schöne Maien-Zeit.

3. Mai

Betrachtungssache

Es gibt immer einige Dinge in deinem Leben zu tun, die vielleicht nicht so viel Freude machen, zum Beispiel, die Hausaufgaben zu erledigen, die Hilfe im Haushalt deiner Eltern, dein Zimmer in Ordnung zu halten, versprochene Dinge zu tun…

Manchmal sind es auch ganz viele Dinge, die auf deine Erledigung warten. Wenn du dann zu meckern und murren beginnst, dann wird es die Situation auch nicht verbessern. Versuche möglichst ganz positiv und mit guter Laune an die Arbeit heranzugehen. Hast du schon im Voraus negative Gedanken in deinem Kopf wie: „Ach die ganze Arbeit, die schaff ich nie…, warum schon wieder diesen blöden Mülleimer herauszutragen, diese blöden Hausaufgaben." – dann wird die Arbeit auch sehr mühselig sein und dir noch schlechtere Laune machen.

Versuche all das, was du zu erledigen hast, mit positiven Gedanken und möglichst mit Freude zu erledigen.

Wenn du mit positiven Gedanken an die Sache herangehst, dann bekommen all deine unerledigten Dinge eine neue Qualität. Einiges wird dir als ganz leicht zu erledigen erscheinen. Wichtig dabei sind deine Freude und positiven Gedanken.

Betrachte also deine Aufgabe lieber von der positiven Seite, dann wird es dir auf jeden Fall leichter fallen.

4. Mai

Nimm dir Zeit

Nimm dir Zeit zum Lachen –
es ist etwas Schönes für deine Seele.
Nimm dir Zeit zum Denken –
es ist die Quelle der Veränderung.
Nimm dir Zeit zum Spielen –
es erhält deine Lebensfreude.
Nimm dir Zeit zum Arbeiten –
nur so kannst du deine Pflichten erfüllen.
Nimm dir Zeit zum Lernen –
es wird dein persönlicher Erfolg sein.
Nimm dir Zeit zum Träumen –
es regt in dir viele neue kreative Gedanken an.
Nimm dir Zeit zum Bewegen –
es hält deinen Körper gesund.
Nimm dir Zeit zum Freundlichsein –
es ist dein persönliches Glück.
Nimm dir Zeit zum Lieben und Geliebtwerden –
es ist der größte Reichtum in deinem Leben.

(Ind. Gebet)

Nimm dir Zeit zum

....

....

(was fällt dir noch ein?)

5. Mai

Glücklich bin ich – gesund bin ich – göttlich bin ich

Heute ist ein besonderer Tag – entscheide dich,

glücklich, gesund und göttlich zu sein.

Fühle dich ab heute *glücklich, gesund und göttlich.*

(Göttlich bedeutet hier: Du bist ein ganz besonderes, einzigartiges, wunderbares und strahlendes Kind.)

Sage dir ein paar Mal hintereinander: „Glücklich bin ich, gesund bin ich, göttlich bin ich."

Wie fühlt es sich an, wenn du es dir sagst?

Zuerst vielleicht ein wenig komisch. Sage es dir aber ruhig ein paar Mal, denn es wird dir gut tun und dich gut stimmen.

Fühle dich ab sofort *glücklich, gesund und göttlich*.

6. Mai

Man sieht nur mit dem Herzen gut

(aus „Der kleine Prinz" von Antoine de Saint-Exupéry)

Mit den Augen wahrgenommene Dinge werden oft von Erscheinung und Eindruck beeinflusst. Du triffst eine Person und schon beurteilst du sie vielleicht wegen der Kleidung, der Frisur, wie die Person redet oder lacht oder einfach nur schaut.

Dies ist wie die Mauer eines Hauses, dahinter „lebt" vielleicht etwas ganz anderes. Man fällt leicht auf diese Täuschung herein und beurteilt andere Menschen viel zu schnell.

Beurteile nicht, was du siehst. Versuche erst einmal zu spüren und zu fühlen und dir einen ganz persönlichen Eindruck zu schaffen. Lerne die Menschen lieber erst einmal richtig kennen.

Du siehst nur mit dem Herzen gut.

7. Mai

Planung für morgen

Wie wird dein Tag morgen sein?

Auch wenn der heutige Moment sehr wichtig ist, kannst du dir am Abend in deiner Phantasie schon den morgigen Tag vorstellen. Es geht nicht darum, dass du deine Zukunft schon lange im Voraus planen sollst, denn am wichtigsten ist immer der jetzige Moment. Wenn du aber am nächsten Tag einen ganz besonderen Termin hast, kannst du dir am Abend vorher schon den kommenden Tag vorstellen, wie er richtig schön werden könnte.

Mit der Kraft deiner Gedanken kannst du dir einen tollen, spannenden Tag vorstellen. Oder wie soll dein Tag morgen werden?

Male dir den morgigen Tag mit fröhlichen, glücklichen und liebevollen Gedanken aus.

Es wird ein toller Tag werden.

8. Mai

Alles wächst

Im Mai beginnt alles zu sprießen, zu blühen und zu grünen.

Der Mai erweckt die Natur so richtig zum Leben, alles beginnt zu sprießen, zu blühen und zu wachsen. Es ist eine Zeit des Neubeginns.

Es ist eine gute Zeit, darüber nachzudenken, ob du auch etwas neu wachsen lassen möchtest.

Denke mal genau darüber nach.

Vielleicht ist es eine besondere positive Eigenschaft, die du schon immer gerne in dir verstärkt aufbauen wolltest, bis jetzt aber noch nicht umgesetzt hast. Du darfst auch all deinen Ideen, die du verwirklichen wolltest, deine Aufmerksamkeit schenken.

Was möchtest du jetzt in dir an Neuem, Schönem entstehen lassen?

Dann ist jetzt die Zeit da, lass es jetzt in dir wachsen.

9. Mai

Das Leben – ein wunderbares Geschenk

Dein Leben ist ein wunderbares Geschenk.

Mach es dir immer wieder bewusst. Freue dich, dass du lebst. Es gibt immer mal etwas zu meckern oder zu schimpfen. Manche Tage sind auch ganz besonders doof, aber dennoch liebe und achte *immer* dein Leben.

Dein Leben ist ein wunderbares Geschenk, sieh immer positiv und zuversichtlich mit schönen Gedanken in die Zukunft.

Du hast nur *ein* Leben als Geschenk bekommen, nutze dieses Geschenk und freue dich über dein Leben.

10. Mai

Das Spiel des Lebens

Das Leben ist ein wunderbares Spiel.

Deine innere Stimme (deine Intuition oder auch „Höheres Selbst" genannt) kann dir in deinem Leben richtig gut zur Seite stehen.

Es ist wichtig für dich zu wissen, dass alles in deinem Leben immer zum richtigen Zeitpunkt am richtigen Ort geschieht. Das gilt auch dann, wenn es manchmal schwer zu verstehen ist, warum eine Situation für dich bestimmt ist und es anders geschieht, als du es dir gewünscht hast.

Eine Weile später kannst du ganz sicher erkennen, warum es so sein sollte.

Nimm das Leben und so manche anstrengende Situation nicht zu schwer, das Leben ist wie ein wunderbares Spiel. In einem Spiel geschehen auch immer wieder spannende Abenteuer.

Versuche im Leben alles einigermaßen leicht zu nehmen, was auch zu dir kommt.

Genieße das Spiel des Lebens mit Leichtigkeit und vertraue deiner Intuition.

11. Mai

Geburtsrecht

Es ist dein Geburtsrecht, glücklich zu sein.

(Yogi Bhajan, ind. Yoga-Meister)

Was immer auch in deinem Leben geschieht, versuche immer glücklich zu sein. Lass dir von nichts und niemandem deine Freude, dein Lachen und deine Fröhlichkeit nehmen. Glück ist ein ganz besonderes Gefühl. Behalte dieses Gefühl des „besonderen Glücks" immer in deinem Herzen.

Es ist dein Geburtsrecht, glücklich zu sein.

12. Mai

Botschaften deines Körpers

Achte immer liebevoll auf die Botschaften deines Körpers.

Dein Körper weiß ganz genau, was du brauchst und was für dich wichtig ist.

Achte deshalb ganz genau darauf, was dein Körper dir sagen will. Er gibt dir zum Beispiel die Botschaft:

- mehr zu schlafen,
- dich auch mal auszuruhen,
- zu essen, wenn du hungrig bist,
- reichlich Wasser zu trinken,
- Ruhepausen zu haben,
- getröstet werden zu wollen,
- dich reichlich in der Natur zu bewegen,
- dich der Jahreszeit entsprechend anzuziehen.

- ....
- ....

Es gibt noch ganz viele weitere Beispiele, sicherlich fallen dir noch andere ein. Versuche wirklich auf deinen Körper zu hören. Wenn du versuchst, gut auf die Signale deines Körpers zu achten, wird es gut für deine Gesundheit sein.

Achte liebevoll auf die Botschaften deines Körpers!

13. Mai

Programmieren

Ein neu gekaufter Computer muss erst einmal installiert und programmiert werden, damit er funktioniert. Sind die installierten Programme irgendwann einmal nicht mehr in Ordnung und läuft der Computer nicht mehr einwandfrei, dann wird die Festplatte einfach gelöscht und es werden neue Programme installiert.

Genauso ist es mit deinem Körper. Dein Körper ist wie die Festplatte eines Computers. ALLES wird abgespeichert, all deine positiven und negativen Erlebnisse. Auch das, was du gelernt hast und was du glaubst.

Das Tolle an der Sache ist, dass DU ab *sofort* deine „Festplatte" jederzeit neu programmieren kannst, indem du alle negativen Gedanken durch positive Gedanken ersetzt.

Es bedarf ein wenig Übung und Geduld. Aber mach es – oder willst du einmal ein schlecht programmierter Miesepeter, ein Negativ-Denker sein?

Programmiere dich lieber mit liebevollen und positiven Gedanken!

14. Mai

Der Pfad des Lebens

Der Pfad deines Lebens beginnt, wenn du geboren wirst. Jeder Moment deines Lebens ist so, als würdest du auf einem bzw. deinem (Lebens-)Weg wandeln. Es ist ganz alleine DEIN Lebensweg.

Jeder Mensch hat einen ganz eigenen Lebenspfad. Dieser Weg ist manchmal ganz steil und steinig, kurvenreich und scheint sehr mühsam zu sein, so, als würde man diesen schweren Weg nicht mehr weitergehen können.

Manchmal ist dieser Weg aber auch ganz leicht zu gehen.

Von deinem (Lebens-) Weg gibt es viele Abzweigungen, du hast immer wieder die Möglichkeit, neu zu entscheiden, wo du lang gehen möchtest.

Manche Wege sind Umwege oder Sackgassen. Manche Wege sind mit großen Abenteuern verbunden. Aber es ist spannend, diesen Weg zu gehen.

Egal, was kommt und wie anstrengend es sein mag, geh immer weiter auf dem Pfad deines Lebens. Nach jeder Anstrengung kommt immer wieder eine ruhige Zeit; nach jeder Dunkelheit folgt Helligkeit; nach jeder Träne folgt ein Lachen – dies sind die Naturgesetze.

DEINEN Weg kannst auch nur **DU** gehen.

Viel Spaß auf dem Pfad deines Lebens.

15. Mai

Liebe deine Eltern

Deine Eltern sind ganz wichtige Personen für dich. Durch sie bist du geboren worden. Behandele deine Eltern mit größtem Respekt und schenke ihnen deine Liebe.

Eltern können und dürfen aber auch Fehler machen.

Deine Eltern können nicht immer in dein Herz schauen. Wenn du das Gefühl hast, dass sie dir mit Worten wehgetan oder dich unrecht behandelt haben, sage es ihnen. Deine Eltern können viel von dir lernen. Wenn du deinen Eltern deine wirklichen Gefühle immer mitteilst, werden sie dich auch besser verstehen.

Sollten deine Eltern dich einmal ungerecht behandelt haben, dürfen sich auch Eltern dafür gerne bei ihren Kindern entschuldigen. Dann verzeihe deinen Eltern....

Deine Eltern lieben dich, und liebe auch du deine Eltern.

16. Mai

Etwas Besonderes sein

Es ist schön, etwas Besonderes zu sein…

Stell dir gerade heute einmal vor, dass du wirklich etwas Super-Besonderes bist.

Heute bist du besonders glücklich.
Heute strahlst du ganz besonders.
Heute bist du besonders höflich zu allen Menschen.
Heute magst du dich ganz besonders gut leiden.

Heute bist du etwas Super-Besonderes…

(na, wie fühlt es sich an, etwas Super-Besonderes zu sein?)

17. Mai

Hegen und Pflegen

Kaufe dir eine kleine Blume im Topf oder einen kleinen Kaktus für dein Zimmer. Vielleicht bekommst du etwas Taschengeld oder bitte deine Eltern, dir eine Pflanze zu kaufen.

Es soll eine besonders schöne Pflanze für dich sein. Achte darauf, dass sie nicht so stark duftet, wenn du sie in deinem Zimmer haben möchtest, in dem du auch schläfst.

Für diese Pflanze bist du nun verantwortlich. Sie braucht genügend Licht und Wasser und manchmal Dünger. Aber eins braucht sie noch: Sie braucht auch deine Zuwendung. Es klingt komisch, ist es aber nicht, denn alle Pflanzen brauchen genauso Zuwendung, wie wir sie brauchen. Sprich mit deiner Pflanze oder schenke ihr deine besondere Beachtung und schau, wie schön sie sich entwickeln wird.

Eine Pflanze kann ein Ersatz sein, falls du kein Tier halten darfst.

Natürlich ist es auch etwas ganz Besonderes, für ein Tier da zu sein, es zu lieben und zu pflegen.

Hege und pflege liebevoll deine Pflanze (oder dein Tier).

18. Mai

Alles hat seinen Sinn

Alles, was gerade in deinem Leben geschieht, hat seinen Sinn und geschieht nur zu deinem Besten. Dies ist manchmal sehr schwer zu verstehen. Gerade wenn etwas schiefgeht oder du dich so auf etwas gefreut hast und es klappt dann doch nicht. Das macht natürlich traurig und ist in diesem Moment gar nicht zu verstehen.

Eine Weile später denkst du dann schon: „Ich war zwar traurig, aber zum Glück hatte ich ja das andere tolle Erlebnis oder Ereignis."

Alles hat seinen Sinn – vertraue drauf.

19. Mai

Innere Stärke

Stark sein bedeutet nicht, dass du ganz starke Muskeln hast oder wie ein aufgeblasener Teddybär oder Muskelmann herumläufst. Wahre Stärke kommt von innen!

Zeige deine Stärke und sage NEIN,
  wenn du etwas nicht tun willst.
Zeige deine Stärke und sage NEIN,
  wenn du etwas nicht essen möchtest.
Zeige deine Stärke und sage NEIN,
  wenn du etwas nicht trinken möchtest.
Zeige deine Stärke und sage NEIN,
  wenn du etwas nicht rauchen möchtest.
Zeige deine Stärke und sage NEIN,
  wenn du etwas nicht tun möchtest.
Zeige deine Stärke und sage NEIN,
  wenn du etwas nicht haben möchtest.

Zeige immer deine wirkliche innere Stärke.

20. Mai

Täglich eine gute Tat

Nimm dir ab heute vor, jeden Tag eine gute Tat zu vollbringen. Du kannst jemandem etwas Gutes tun, hilfsbereit sein oder einfach mal lächeln…

Dafür brauchst du kein Geld, du brauchst nur den bewussten Gedanken und den Willen, es zu tun, und ein wenig Zeit.

Eine gute Tat für Mutter Erde, für deine Eltern, für deine Geschwister oder für Freunde. Es gibt so viele Menschen um dich herum, denen du mit deiner guten Tat eine Freude machen könntest.

Sei kreativ und denke dir täglich eine neue gute Tat aus.

Beginne sofort…

Täglich eine gute Tat!

21. Mai

Wolkenfiguren

Beobachte einmal einen strahlend blauen Maihimmel mit vielen weißen Wolken. Je länger du die Wolken beobachtest und deiner Phantasie freien Lauf lässt, je mehr Wolken wirst du entdecken, die wie eine Figur aussehen. Manche erinnern an Menschen oder Tiere.

Wolkenfiguren zu suchen ist sehr entspannend. Es bringt auch viel Spaß, es mit Freunden zu tun.

Finde viele Wolkenfiguren. Viel Spaß beim Suchen.

22. Mai

Angst entsteht im Kopf

Viele Dinge, vor denen die Kinder Angst haben, entstehen meistens nur im Kopf. Denk zum Beispiel an die Angst vor Spinnen. Warum hast du Angst vor Spinnen? Hier in Deutschland gibt es keine in der Natur vorkommenden Giftspinnen, und die Spinnen sind viel kleiner als du. Warum also Angst vor Spinnen haben? Diese Angst ist doch eigentlich unbegründet – oder?

Denk einmal darüber nach, wie viele weitere Ängste es noch in deinem Leben gibt, für die es keinen wirklichen Grund gibt. Schreib sie dir ruhig auf, wenn dir welche einfallen. Wenn du dir deine grundlosen Ängste bewusst machst, wirst du sie auch nicht mehr in deinem Leben brauchen. Ängste blockieren außerdem unsere Lebensfreude.

Löse dich von deinen grundlosen Ängsten und fühle dich leicht und frei.

23. Mai

Ein Brauch der Indianer

Ein alter Brauch der Indianer ist es, jemand etwas zu schenken, mit dem man etwas teilen möchte, weil er einem ganz besonders viel bedeutet.

Möchtest du aus deinem Herzen heraus mit jemand etwas teilen, dann mache ein ganz besonderes Geschenk. Es muss kein teures, gekauftes Geschenk sein. Male ein Bild, bastle eine Kleinigkeit oder pflücke liebevoll eine Blume.

Mache, wann immer du möchtest, ein Geschenk. Schenke nicht nur zu besonderen Anlässen, wie zum Beispiel an Geburtstagen.

Möchtest du heute etwas teilen und ein Geschenk machen? Dann teile und mache auch heute ein Geschenk.

24. Mai

Wutspaß

Hat dich gerade wieder einmal so richtig die Wut gepackt? Bist du wütend auf deine Eltern, Geschwister oder Freunde?

Du kannst deine Wut weiterhin in deinem Bauch toben lassen, denke aber daran, es könnte dir Bauchweh bereiten.

Du könntest aber losschreien oder wie Rumpelstilzchen herumspringen und deine Wut austoben. Du kannst aber auch „Wutspaß" haben. Verwandle dich doch einmal in einen wilden Löwen. Die Regel hierbei ist: Einander nicht berühren und nicht verletzen! Begegne dann der Person, die dich so wütend gemacht hat, als wilder Löwe. Sprich es aber vorher mit ihr ab, dass ihr WUTSPASS haben wollt. Du darfst fauchen, ärgerlich schauen und brüllen.

Wenn dein Wutpartner dann auch noch mitspielt, werdet ihr feststellen, wie schnell sich die Wut in Lachen verwandeln kann.

Lebe deine Wut (in einem Tier) aus – aber denke an die Regeln.

25. Mai

Es ist so, wie es ist

„Es ist so, wie es ist“, bedeutet, dass es Dinge in deinem Leben gibt, die einfach geschehen und die du nicht ändern kannst.

Du kannst dich darüber aufregen, ärgern oder schimpfen. Aber was bringt es dir, wenn du es doch nicht ändern kannst?

Ein Beispiel: Du hattest ein Picknick auf der Wiese geplant und es regnet in Strömen – du kannst es aber nicht ändern.

Ändern kannst du aber deine Einstellung dazu. Anstatt grimmig und ärgerlich zu sein, lache darüber – es ist so, wie es ist – und finde eine andere Lösung.

Mach das Picknick doch in deinem Zimmer oder ziehe deine Regenkleidung an und habe großen Spaß im Regen. Verstehst du?

Nimm die Dinge so, wie sie sind. Du kannst es nicht ändern. Es ist so, wie es ist.

26. Mai

Ein Sturm auf See

Ein heftiger Sturm auf dem Meer fegt alles so richtig durcheinander. Das Meer tobt wie wild und große schäumende Wellen sind zu sehen. Das Meer ist so stark in Bewegung, dass sogar der Meeresboden aufgewühlt und das Wasser dadurch oftmals ganz trübe wird.

So magst du dich auch manchmal fühlen, wenn all deine Gefühle durcheinandergeraten sind.

Denke aber daran, nach jedem heftigen Sturm folgt auch wieder Windstille mit ruhiger See und Sonnenschein, und auch das trübe Wasser wird dann sehr schnell wieder klar.

Genauso ist es auch in deinem Leben. Ist einmal alles aufgewühlt und voller Ärger, dann wisse, es wird sich alles wieder beruhigen.

Freue dich auf den Moment und freue dich auf die ruhige See und den Sonnenschein.

27. Mai

Bescheidenheit

Bescheidenheit ist eine sehr schöne Eigenschaft.

Wenn du dir darüber im Klaren bist, dass du ein ganz tolles Kind – wahrlich ein König oder eine Königin – bist, dann brauchst du dich nicht immer in den Vordergrund zu stellen und dich ganz wichtig zu machen oder wie ein Clown zu schauspielern. Du weißt ja, dass du ein besonderes Kind bist. Sei ruhig mal ein wenig bescheiden und halte dich im richtigen Moment zurück.

Bescheiden sein bedeutet aber auch, nicht immer großartige Forderungen oder Erwartungen zu haben, zum Beispiel: Alles soll man dir kaufen, weil du es haben möchtest.

Etwas ganz Kleines hat manchmal mehr Wert als ein teures, großes Geschenk.

Bescheidenheit hat viele Bedeutungen.

Lerne auch du, ein wenig mehr bescheiden zu sein.

28. Mai

Dein Geburtstag

Dein eigentlicher Geburtstag ist der Tag, an dem du wirklich auf die Welt gekommen bist.

Aber warum nicht jeden Tag einen kleinen Geburtstag feiern? Jeder Tag in deinem Leben ist immer wieder ein neues Geschenk, eben wie ein „Geburts-Tag". Das bedeutet, nicht jeden Tag ein großes Fest mit Geschenken zu haben, sondern einfach dankbar zu sein, dass du auch heute Morgen aufgewacht und eigentlich wie neu geboren bist.

Nach jeder langen Nacht ist das Aufwachen am Morgen ja auch wie eine kleine Geburt – oder?

Danke – und lass jeden Tag ein „Geburts-Tag" von dir sein.

29. Mai

Nasenlochatmung

Die Yogis wissen um etwas ganz Tolles, sie kennen und beherrschen die Nasenlochatmung. Dieses Geheimnis sollst du jetzt auch kennen lernen:

Bist du schlapp und müde und kannst dich schlecht konzentrieren – dann verschließe mit dem linken Daumen dein linkes Nasenloch (das kannst du auch ganz geheim machen, indem du so tust, als würdest du dich mit dem Arm abstützen),

dann atme einen Moment nur durch das *rechte Nasenloch* ein und aus. Es wird dich wach machen und dir Energie geben.

Bist du ganz aufgeregt oder ängstlich – dann verschließe jetzt mit dem rechten Daumen das rechte Nasenloch, und atme einen Moment nur durch das *linke Nasenloch* ein und aus. Es bringt dir ganz viel Ruhe und Entspannung, gerade wenn du in der Schule aufgeregt bist.

Nutz die Nasenlochatmung!

30. Mai

Manchmal geht etwas daneben

Es geht immer mal etwas daneben. Lange zu meckern, zu schimpfen, traurig zu sein bringt auch nicht viel. Sicher muss der Ärger raus, aber nicht über mehrere Tage lang verteilt.

Schimpfe deinen Ärger heraus, lass auch deine Tränen laufen und dann sage dir: *Es ist eben jetzt so.*

Versuche auch mal darüber nachzudenken, warum die Situation schiefgegangen ist. Vielleicht war es auch gar nicht so gut für dich, wie du es dir vorher gedacht hast.

Es kann doch auch sein, dass dein Schutzengel gut für dich gesorgt hat, und es eben anders gekommen ist, als du es dir gewünscht hattest. Dein Schutzengel weiß ganz bestimmt, was wirklich gut für dich ist, er kann die Situation manchmal sehr viel besser als du einschätzen.

So, wie es ist, ist es in Ordnung (versuche es dir immer wieder zu sagen).

31. Mai

Leichtigkeit des Schmetterlings

Nun ist die Zeit da, und du wirst einige Schmetterlinge beobachten können. Manche sind auch schon lange da und sehr früh gekommen. Aber Schmetterlinge lieben die Wärme und die Blüten, deshalb kannst du nun ganz viele beobachten. Mit größter Leichtigkeit flattern sie umher. Sie wirken zart und leicht. Sie schweben umher, ganz frei. Sie schauen so aus, als würden sie keine Sorgen und Ängste kennen. Schau ihnen mal ganz bewusst zu.

Wann immer du denkst, du schaffst deine Aufgaben nicht, stelle dir in Gedanken einen wunderschönen Schmetterling vor, und sieh das Bild, wie er umherflattert. Er flattert von Blüte zu Blüte mit größter Leichtigkeit. Es sieht sehr spielerisch aus, wenn der Schmetterling über die Frühlingswiese flattert.

Verbinde dich in Gedanken mit dem Schmetterling.

Hole diese Leichtigkeit in deinen Körper und gehe mit neuem Bewusstsein an deine Aufgaben!

1. Juni

Teuer oder billig

Was bedeutet es schon, ob deine Kleidung eine teure Markenkleidung ist – oder ob deine Kleidung einfach toll aussieht?

Was bedeutet es schon, ob dein Fahrrad superteuer war – oder ob du ein wirklich tolles, robustes und praktisches Fahrrad hast?

Was bedeutet es schon, ob dein Spielzeug sehr teuer ist (aber schnell den Reiz verliert) – oder ob du Spielzeug hast, manchmal selbstgebautes, mit dem das Spielen wirklich Spaß bringt?

Was bedeutet es schon, ob an deiner Musikanlage ein bekannter Markenname steht – oder ob es dir wichtig ist, einfach nur gute Musik zu hören?

Lege nicht so viel Bedeutung in Dinge, die sehr teuer sind. Damit anzugeben oder es als wichtig anzusehen, ist eine sehr *dumme* Eigenschaft. Außerdem bedeutet es auch nicht zwangsläufig, dass die teuren Dinge auch die beste Qualität haben.

Freue dich über die Dinge, die du hast oder bekommst – egal, ob teuer oder billig.

2. Juni

Du bist durch deine Eltern geboren

Dass du auf die Welt gekommen bist, hast du eigentlich nur deinen Eltern zu verdanken. Sie haben es dir ermöglicht, dass du geboren wurdest. Sie haben dich als Baby versorgt. Sie haben dir all ihre mögliche Zeit und Liebe gegeben. Sie waren immer für dich da. Sie haben versucht, für dich das Beste zu tun.

Sei dankbar und achte deine Eltern, auch wenn du manchmal das Gefühl hast, sie verstehen dich nicht und sind ungerecht zu dir.

Seine Eltern auf eine ganz besondere Weise zu achten bedeutet aber nicht, dass du für deine Eltern verantwortlich bist. Die Eltern sind für sich ganz alleine verantwortlich.

Du darfst auch gerne eine eigene Meinung haben, dennoch achte deine Eltern!

Denke daran, du bist durch deine Eltern geboren. Liebe und achte sie.

3. Juni

Einfach fragen

Wenn du etwas nicht verstehst, dann frage nach. Lass dir alles erklären, was für dich unklar ist. Gib dich nicht mit Antworten zufrieden wie: „Dafür bist du noch zu klein. Das verstehst du nicht."

Das sagen die Erwachsenen manchmal sehr gerne, weil ihnen keine vernünftige Erklärung einfällt. Frag trotzdem nach und bitte um eine Erklärung. Schon in der Sendung „Sesamstraße" wurde es genau erklärt: „Wer nicht fragt, bleibt dumm."

Wenn dir in der Schule etwas unklar ist, scheue dich nicht, immer nachzufragen. Es ist der Job der Lehrer, dir alles zu erklären. Habe auch keine Scheu zu fragen. Lieber immer wieder nachfragen, als es nicht verstanden zu haben und dann ratlos vor den Hausaufgaben zu sitzen.
Frage bitte wirklich immer nach, und kümmere dich dann nicht um die anderen Schüler.

Du hast ein Recht auf Erklärungen und auf Verstehen.

Frage immer und immer wieder nach.

4. Juni

Was wäre, wenn?

Träume sind etwas sehr Schönes. Träume ermöglichen es dir, Dinge zu erleben, die in der Wirklichkeit manchmal nicht so leicht umzusetzen sind.

Auch Tagträume sind etwas sehr Schönes. Du kannst deiner Phantasie freien Lauf lassen und dir alles erträumen, was du nur möchtest.

Versuche es einmal und male dir in Gedanken alles aus, was du machen, erleben oder bekommen möchtest. All diese wunderschönen Gedanken und Phantasiebilder sind Tagträume, denn du bist ja wach.

Du solltest jedoch nur für kurze Momente tagträumen, damit du den Rest des Tages ja bewusst erleben kannst. Einfach mal zu träumen bringt dir auch Entspannung und du hast dann wieder neue Energie für den weiteren Tag getankt. Deine Gedanken können beim Träumen einfach ganz kreativ sein.

Genieße diese kurzen Momente der Tagträume. Was wäre, wenn...?

5. Juni

Freude – Schadenfreude

Freude ist etwas ganz Tolles und beinhaltet, dass man sich einfach über das eigene Leben, den Sonnenschein, Gesundheit, tolle Freunde, ein Geschenk freut. Sich zu freuen ist etwas sehr Schönes. Es bringt ein Glücksgefühl in deinen Körper und du fühlst dich gut.

Schadenfreude ist eine sehr schlechte Freude. Es bedeutet, du freust dich darüber, wenn anderen Menschen etwas misslingt oder sie sich wehtun. Sich zu freuen, weil zum Beispiel jemand stürzt oder dein Freund eine schlechte Klassenarbeit geschrieben hat, ist eine sehr negative Eigenschaft.

Negative Eigenschaften können auch andere negative Gedanken in deinen Körper bringen und diese tun dir und deinem Körper sicherlich nicht gut.

Lass keine Schadenfreude zu – freue dich lieber über die schönen Dinge im Leben!

6. Juni

Das Besondere

In allem, was dich umgibt, kannst du immer DAS BESONDERE entdecken. Du musst nur ganz achtsam sein.

Mach dich auf die Suche, um das Besondere in der Welt zu entdecken.

Was ist DAS BESONDERE an dir,
was ist DAS BESONDERE an deiner Familie,
was ist DAS BESONDERE an deinen Freunden,
was ist DAS BESONDERE an den Blumen und Bäumen,
was ist DAS BESONDERE an den Tieren …?

Was ist heute DAS BESONDERE?

Suche und sieh DAS BESONDERE in allem.

7. Juni

Beitrag zur Heilung der Erde

Du brauchst kein großartiger „Heiler" zu sein, um etwas Gutes für Mutter Erde zu tun. Unser Leben hängt von Mutter Erde ab, sie ist ja unser Lebensraum. Es ist wichtig, sie gesund zu halten. Wir alle müssen uns dafür einsetzen, dass es ihr gut geht.

Dazu sind keine großartigen Dinge nötig. Manchmal sind viele klitzekleine Dinge viel wichtiger und entscheidender.

Auch du kannst einen Beitrag zur Heilung der Erde geben. Du kannst der Mutter Erde deine positiven Gedanken senden, du kannst ihr deine ganze Aufmerksamkeit schenken, du kannst sorgsam mit ihr umgehen.

Was kannst du alles tun, um einen Beitrag zur Heilung von Mutter Erde zu geben?

8. Juni

Schneller – besser – reicher

Schneller – besser – reicher, dies sind „scheinbar" wichtige Qualitäten in der heutigen Zeit. Viele Menschen streben danach und wollen so sein. Aber in der Wirklichkeit ist es total unsinnig, denn selbst wenn sie sich vielleicht einen Moment damit gut fühlen – schneller als andere, besser in der Schule oder im Beruf zu sein oder ganz viel Geld zur Verfügung zu haben –, werden sie aber schnell merken, dass diese Dinge nicht wirklich glücklich machen! Denke einmal daran, wie viele populäre Menschen, zum Beispiel Popstars oder Sänger, die sehr reich sind, sich aber trotzdem sehr unglücklich und einsam fühlen.

Um glücklich zu sein, brauchst du nicht schneller – besser – reicher zu sein!

Sei einfach glücklich mit dem, was du hast, und so, wie du bist.

9. Juni

Great Spirit

Die Indianer verstehen unter dem Great Spirit den „großen Geist", und sie meinen damit etwas, was in allem steckt und überall zu finden ist. Die Indianer lernen alles von der Natur. Der Great Spirit ist in allem, in den Blumen, in den Bäumen, in den Tieren, in der Sonne, im Regen, im Feuer, in der Luft, in den Steinen. Die Indianer haben vor allen Dingen im Leben immer eine sehr große Achtung und sie gehen sehr achtsam durch das Leben.

Versuche auch du, immer sehr achtsam und bewusst durch das Leben zu gehen. Versuche, alles um dich herum bewusst wahrzunehmen und vor allen Dingen eine besondere Achtung zu haben – **denke an den „Great Spirit, den großen Geist in allem"**.

10. Juni

Öffne deine Augen

Öffne deine Augen – und sieh bewusst.
Öffne deine Gedanken – und denke bewusst.
Öffne deine Ohren – und höre bewusst.

Öffne dein Herz – sieh, denke, höre und fühle mit deinem Herzen bewusst.

11. Juni

Respekt vor alten Menschen

Habe Respekt vor älteren Menschen und gehe immer achtsam und liebevoll mit ihnen um. Denke daran, auch du wirst einmal alt sein.

Biete älteren Menschen deine Hilfe an, oder scheue dich nicht, mit ihnen ein Gespräch anzufangen. Sei freundlich und verständnisvoll.

Manche Menschen beachten die älteren Menschen gar nicht erst oder lachen über sie. Das ist respektlos und gehört sich einfach nicht.

Egal, was du auch tust, habe aber bitte immer Respekt vor alten Menschen.

12. Juni

Urteilen

Manchmal ist es sehr einfach, schnell über die Situation einer anderen Person zu urteilen (und diese zu *ver*urteilen!).

Versuche nie voreilig über etwas zu urteilen. Wenn du über etwas urteilst, dann ist es in erster Linie deine Ansicht und Meinung.

Lass dir doch erst einmal von der anderen Person erklären, warum sie es so oder so gemacht hat. Die andere Person hat sicherlich Gründe dafür gehabt. Und du kannst nicht etwas beurteilen/verurteilen, wenn du diese Gründe nicht kennst.

Beurteilen/verurteilen ist sowieso Quatsch, dir steht gar nicht zu, wie ein „Richter" zu sein, weil jeder Mensch seine eigene Meinung und ganz persönliche Lebenseinstellung hat.

Versuche dich frei von Urteilen zu machen und akzeptiere die anderen Menschen so, wie sie sind.

13. Juni

Zeit mit deinen Eltern

Gemeinsame Zeit mit den Eltern zu verbringen ist etwas sehr Kostbares.

Möchtest du mehr Zeit mit deinen Eltern verbringen und mehr mit ihnen gemeinsam machen, warum sagst du es deinen Eltern nicht?

Wenn du es ihnen nicht sagst, können sie es auch nicht wissen. Deine Mutter und dein Vater sind sicherlich immer sehr beschäftigt, aber deiner Bitte werden sie auf jeden Fall nachkommen, wenn du fragst.

Die meisten Erwachsenen sind immer sehr beschäftigt und haben viel zu organisieren. Aber ihr könnt euch doch zu einer gemeinsamen Zeit verabreden.

Frage deine Eltern nach mehr gemeinsamer Zeit.

14. Juni

Lebe und freue dich

Heute ist ein toller Tag. Genieße dein Leben, sei glücklich und freue dich.

Mach diesen Tag wirklich zu einem schönen Tag, mit ganz vielen Dingen, über die du dich freuen kannst. Diese Dinge findest du überall, du musst nur darüber nachdenken.

Mache heute einfach mal Dinge, die dir besonders viel Spaß bringen. Was ist für dich ein toller Tag?

Lebe, sei glücklich und freue dich!

15. Juni

Ich kann, was ich will

Ich kann, was ich will – soll eine wichtige Botschaft in deinem Leben werden.

Diesen Satz solltest du dir ganz besonders gut einprägen und dir immer wieder sagen.

Eine tolle Idee ist es, diese Botschaft auf einem Zettel zu schreiben, den du an dein Bett hängst. Wann immer du in deinem Zimmer bist, schau auf diesen Zettel.

„Ich kann, was ich will" – dieser Gedanke soll ein richtiger Teil von dir werden.

Du kannst, was du willst, diese Botschaft wird dich motivieren, auch schwierige Dinge zu schaffen. Sie wird dich innerlich sehr stärken. Denke und glaube immer fest daran

ICH KANN, WAS ICH WILL.

16. Juni

Sommerzeit ist Ferienzeit

Ferienzeit ist Freizeit. Genieße diese Zeit. Egal, wo du bist und deine Ferien verbringst, gestalte dir deine Ferien ganz toll. Tolle Ferien zu haben ist nicht immer mit einer großartigen Urlaubsreise verbunden. Es ist auch schön, diese Zeit mit Freunden zu Hause zu genießen. Es ist so schön, im Sommer draußen etwas zu unternehmen.

Die Natur lädt dich dazu ein – nimm diese Einladung an und genieße die Sommerzeit. Du kannst mal richtig entspannen und nur Dinge tun, die dir Spaß bringen. Genieße die warmen Temperaturen, auch wenn es mal regnet. Der Herbst kommt schnell genug. Sei so viel wie möglich im Sommer draußen in der Natur und freue dich. Denke an all die vielen Erwachsenen, die den ganzen Tag im Büro verbringen müssen – sie würden gerne mit dir tauschen.

Genieße die Sommer- und Ferienzeit in vollen Zügen!

17. Juni

Schütze deinen Körper

Du allein bist für deinen Körper verantwortlich.

Natürlich achten auch deine Eltern auf dich, aber sie sind ja nicht immer bei dir. Also bist du allein für deinen Körper verantwortlich. Sorge deshalb gut für deinen Körper.

Zieh dich entsprechend der Jahreszeit und dem Wetter an, damit du nicht frierst, schwitzt oder nass wirst. Sorge im Winter für warme Kleidung, halte auch deinen Kopf warm. Creme dich immer gut ein, besonders dein Gesicht und deine Lippen, damit sich deine Haut wohlfühlt. Im Sommer schütze deinen Körper vor der Sonne durch entsprechende Kleidung, Sonnenmütze oder Sonnenhut und mit Sonnencreme.

Trinke genügend Wasser und achte auf gesunde Nahrungsmittel.

Überanstrenge dich nicht.

Denke daran, du bist für deinen Körper verantwortlich – schütze deinen Körper!

18. Juni

Wie geht es dir heute?

Stelle dir diese Frage und denke wirklich einen Moment in Stille darüber nach.

Wie geht es dir heute? Wie fühlst du dich?

Spüre dazu in deinen Körper hinein und nimm deinen Körper und deine Gedanken bewusst wahr.

Na, was spürst und fühlst du?

Du kannst deinen Körper aber nur wahrnehmen, wenn du ganz bewusst und in entspannter Stille in deinen Körper spürst. Wenn du unruhig, nur in Bewegung und Aktion bist, kannst du ihn nicht wirklich spüren und fühlen. Radio, Fernsehen, Computer & Co. werden dich zwar unterhalten und berieseln, aber sie lenken dich ab, dich wirklich zu spüren.

Wie geht es dir heute wirklich?

19. Juni

Am Wasser sein

Sommerzeit ist Badezeit. Falls du jetzt nicht gerade irgendwo am Meer sein kannst, gibt es in deiner Nähe bestimmt einen See oder einen Fluss. Egal, an welchem Wasser du sein kannst, denke daran, dass du besonders achtsam bist.

Jedes Wasser bringt auch Gefahren mit sich. Du brauchst zwar keine Angst vor dem Wasser zu haben, aber mach keinen Blödsinn und begib dich in keine unnötige Gefahr!

Am Wasser zu sein lädt dazu ein, Steine hineinzuwerfen. Die symbolische Bedeutung dafür ist, dass du mit jedem Stein, den du ins Wasser wirfst, auch einen unangenehmen Gedanken von dir loswerden kannst.

Man sagt, das Wasser bringt Klarheit und Klärung. Es gibt immer Gedanken, die einen regelrecht verfolgen, uns traurig oder ängstlich machen. Nimm einen Stein in die Hand und stelle dir deinen unangenehmen Gedanken vor. Mache dir diesen Gedanken bewusst.

Wirf den Stein ins Wasser und stell dir vor, wie du deine unangenehmen Gedanken aus deinem Körper herauskatapultierst.

Fühle dich gut und gelöst.

20. Juni

Lausche der Natur

Wo du auch wohnst, in der Stadt oder auf dem Land, du kannst überall lernen, der Natur zu lauschen. Dazu musst du aber deine Ohren dafür öffnen und ganz bewusst hören. Was hörst du alles, wenn du dich neu auf das Hören konzentrierst? Lausche den Vogelstimmen und all den anderen Geräuschen um dich herum.

Es gibt so viele spannende Dinge zu hören. Wenn es dir schwerfällt, schließe deine Augen. Mit geschlossenen Augen kannst du viel intensiver hören. Es ist so spannend, mach mit Freunden daraus ein Spiel.

Du kannst dich mit geschlossenen Augen auch mal von einem Freund oder einer Freundin durch die Natur führen lassen. Verabredet aber vorher, dass ihr vorsichtig seid, keinen Unsinn macht, langsam geht und Hindernissen ausweicht. Bei dieser Übung ist es wichtig, einander total zu vertrauen! Wenn du jemanden mit geschlossenen Augen durch die Natur führst, dann sorge auch dafür, dass du niemanden enttäuschst, wenn man dir volles Vertrauen schenkt. Wenn du jemanden durch die Natur führst, dann mache auch bitte keinen Quatsch. Es ist unglaublich spannend, für einen Moment so die Natur neu zu entdecken.

Lausche der Natur, sie hat dir viel zu erzählen.

21. Juni

Tönen in der Natur

Im Sommer draußen zu sein ist sehr schön und befreiend. Wenn du einen Ausflug ans Meer, in den Wald oder auf eine Wiese machst, dann nimm die Einladung der Natur an und beginne mit deinen Freunden oder Eltern einfach Töne zu erzeugen. Du brauchst kein perfektes Lied zu singen. Lass einfach nur Töne oder kurze Melodien aus dir klingen. Die Indianer machen es auch, es entstehen ganz spontan tolle Töne oder Melodien.

Am Anfang fühlst du dich (auch deine Freunde und Eltern!) sicherlich ein wenig gehemmt. Aber je öfter ihr es macht, je mutiger werdet ihr. Ihr werdet den Spaß an der Sache schnell entdecken.

Singe auch einfach die einzelnen Vokale U – O – A – E – I. Versuche zu spüren, wo es ganz besonders in deinem Körper klingt oder vibriert.

Einfach zu tönen sorgt nicht nur für ein inneres Wohlbefinden, es trainiert auch deinen Ausdruck. Es kann eine Hilfe in der Schule sein, sich ohne Unsicherheit am mündlichen Unterricht zu beteiligen.

Nimm die Einladung an, lege deine Hemmungen beiseite und töne….

22. Juni

Ich mag mich

Wann immer du ins Badezimmer gehst oder sonst an einem Spiegel vorbeikommst, nimm dir die Zeit und schaue einmal ganz bewusst in den Spiegel hinein.

Sieh dir in die Augen, betrachte dich, lächle dir zu und sage dir (laut oder gedanklich):

Ich mag mich.

Findest du es komisch? Magst du dich nicht so, wie du dich im Spiegel siehst?

Die meisten Menschen bewerten sich ständig sehr negativ oder finden immer irgendwelche Dinge an sich hässlich.

Du bist aber so, wie du nun mal bist. Du bist einzigartig. Versuche dich so zu mögen, wie du bist.

Falle nicht auf die Werbung herein, in denen fast alle Fotos nachbearbeitet worden sind, damit die Gesichter „ganz besonders gleichmäßig und hübsch" aussehen. Schau dir diese Gesichter einmal genau an. Sicherlich sind sie besonders hübsch, aber haben sie wirklich so eine besondere Ausstrahlung wie dein Gesicht?

Egal, wie ein Mensch aussieht – er hat eine ganz besondere Ausstrahlung, wird sehr anziehend und attraktiv wirken.

Nimm dich so an, wie du bist, strahle und zeige der Welt: *Ich mag mich.*

23. Juni

Danke

Danke jedem Morgen – danke jedem Abend.

Danke am Morgen, dass du eine erholsame Nacht hattest. Dein Körper hatte eine Ruhephase, konnte neue Kraft schöpfen und du bist wieder aufgewacht. Ein neuer Morgen wartet auf dich – danke dafür.

Danke am Abend, dass du einen erlebnisreichen Tag hattest. Viele schöne (und manchmal nicht so schöne Erlebnisse) hat der heutige Tag für dich bereitgehalten. Der Tag neigt sich dem Ende zu, danke für den schönen Tag.

Danke jedem Morgen – danke jedem Abend.

24. Juni

Ansichtssache

Es gibt immer verschiedene Möglichkeiten, Dinge zu betrachten.

Ein Beispiel:

Auf dem Gehweg direkt vor eurer Haustür steht ein roter, mit Wasser gefüllter Eimer.

Du könntest darüber denken: So ein Mist, jetzt muss ich den Eimer wieder wegräumen.

Oder:

Da war wieder einer zu faul, die Blumen zu gießen und hat nur das Wasser geholt.

Oder:

Toll, es steht schon Wasser bereit. Unser Hund kommt gleich vom Spaziergang zurück, dann hat er bei dieser Hitze wenigstens gleich Wasser.

Denk mal genau über diese Beispiele nach. Es gibt eine sehr negative, eine etwas negativere und eine sehr positive Sichtweise.

So ist es mit allen Dingen im Leben. Es gibt immer verschiedene Möglichkeiten, etwas zu sehen – negativ oder positiv. Warum immer nur das Negative sehen! Denke lieber positiv!

Versuche immer, zuerst das Gute, das Positive in allem zu sehen. Es kommt allein auf deine Betrachtung an!

25. Juni

Was hast du alles?

Beschwere dich nicht ständig darüber, dass dir noch bestimmte Dinge fehlen.

Dies brauche ich noch. Das will ich unbedingt haben, meine Freunde haben so etwas ....
Das soll man mir auch kaufen.

Anstatt ewig zu murren und darüber zu klagen, was dir noch fehlt, schau dir doch einmal ganz bewusst die Dinge an, die du hast. Verlange nicht immer nach Neuem.

Es ist nicht wichtig, was dir noch fehlt – schau, was du wirklich hast. Es gibt Kinder, die haben noch viel weniger als du. Manche haben nicht mal ein eigenes Bett zum Schlafen oder leiden an Hunger.

Freue dich über all die vielen Dinge, die du wirklich besitzt.

26. Juni

Bumerang

Kennst du einen Bumerang? Er wird geworfen und kommt immer wieder zurück.
(Jedenfalls wenn man es gelernt hat, den Bumerang richtig zu werfen!)

So ist es auch in deinem Leben. Alles, was du machst und denkst, kommt irgendwie wieder zu dir zurück – wie ein Bumerang.

Überlege dir deshalb genau, was du über wen denkst, sprichst und was du tust. Denke, sprich und tu deshalb nur das, mit dem auch du einverstanden wärst, wenn es zu dir zurückkommen würde – wenn man so über dich denken, sprechen oder etwas mit dir machen würde.

Alles, was du tust und denkst – tu es bewusst und mit einem positiven Gefühl.

27. Juni

Lass andere reden, was sie wollen

Lass andere reden, was sie wollen, auch wenn sie über dich reden. Du wirst es immer wieder erleben, dass einmal gut und ein anderes Mal schlecht über dich gesprochen wird. Du kannst es nicht ändern. Also lass die anderen reden und versuche dich nicht zu ärgern oder zu rechtfertigen, denn es raubt dir nur unnötig Energie und Zeit.

Bleib einfach gelassen und lass die anderen reden, was sie wollen.

28. Juni

Morgen ist morgen

Morgen möchte ich dies machen... oder dann tu ich das...

Es ist schön und wichtig zu planen und sich den morgigen Tag vorzustellen. Aber die Freude auf den morgigen Tag ist nicht das Allerwichtigste. Genau dieser Moment ist wichtig. Jetzt kannst du etwas Tolles erleben oder machen. Freude auf morgen ist auch schön, denn Vorfreude ist ja bekanntlich die schönste Freude, aber lebe nicht nur in der Zukunft. Das Jetzt und Heute ist wichtig.

Freue dich in diesem Moment, sei glücklich und habe gute Gedanken.

29. Juni

Ohne Wenn und Aber

Wie viele Sätze in deinem Leben beginnen mit „ Ja, aber ..."? Beobachte mal.

Ja, aber ist gedanklich schon ein Einwand oder Widerstand. Warum in den Widerstand gehen?

Ja, aber ist ein Mischmasch. Es ist keine klare Aussage, es ist durch das *Aber* ein bisschen *ja* und ein bisschen *nein*.

Entscheide dich.

„*Nein,* das möchte ich nicht, ich habe eine andere Meinung dazu", das ist eine klare Aussage.

„*Ja, toll*, das finde ich gut", ist auch eine klare Aussage.

Versuche dich immer ganz klar, ohne *Wenn* und *Aber* auszudrücken.

30. Juni

Stell dich dem Problem

Probleme tauchen immer wieder auf. Das Leben ist wie eine Welle, ein Auf und Ab. Probleme oder unangenehme Situationen kommen und gehen. Durch sie lernen wir und haben die Chance, daran innerlich zu wachsen. Versuche nicht, vor Problemen wegzulaufen oder sie „unter den Teppich zu kehren" – sie also einfach nur wegzuschieben.

Wenn dir dein Problem große Angst macht, dann mach einfach eine kurze Phantasiereise zur Entspannung:

Suche dir ein ruhiges Plätzchen und setze oder lege dich entspannt hin.

Erinnere dich an deine Angst oder dein Unbehagen, so gut du nur kannst.

Stell dir vor, deine Angst würde hinter einer verschlossenen Tür lauern, spüre deine Angst und dein Unbehagen.

In Gedanken verwandelst du dich jetzt in einen mutigen Karatekämpfer oder eine Kämpferin. Du bist stark und mutig. Mutig und entschlossen – dir deiner Kraft bewusst und voller Konzentration – trittst du gedanklich (bitte auch wirklich nur gedanklich) die Tür auf. Hinter der Tür erwartest du deine Angst... Peng ... die Tür ist aufgetreten. Dahinter verbirgt sich ein leerer Raum. Wo ist deine Angst? Sie ist weg!

Du kannst dort keine Angst mehr finden, weil du durch deine volle Konzentration, Entschlossenheit und deinen Mut dich der Angst gestellt hast – und plötzlich hat sie sich einfach wie in Luft aufgelöst.

Stell dich zukünftig mutig, entschlossen, dir deiner Kraft bewusst und voller Konzentration deinem Problem oder deiner Angst.

1. Juli

Gleichgültigkeit

Is` egal … Kann schon sein… Weiß ich nicht…

Machst du auch solche Aussagen? Was ist los mit dir? Bist du zu faul, dir genau zu überlegen, was du willst? Bist du wirklich so gleichgültig, alles hinzunehmen? Du bist doch der Boss in deinem Leben.

Wirst du gefragt: „Grüner oder roter Lolli?" und deine Antwort lautet: „Is` egal", dann stell dir die Frage, *warum* es dir egal ist. Es kann dir gar nicht egal sein, denn zwischen dem roten und dem grünen Lolli ist geschmacklich ein großer Unterschied.

Warum diese Gleichgültigkeit? Du musst dich entscheiden, oder willst du immer anderen Menschen auch die Entscheidung für dein Leben überlassen?

Überlege dir immer ganz genau und ohne Gleichgültigkeit, was du wirklich willst.

Entscheide dich. Du bestimmst ganz allein, was du möchtest.

2. Juli

Fehler eingestehen

Du, ich, wir alle machen Fehler. Fehler zu machen ist menschlich. Wir sind ja schließlich keine Roboter. Das Wichtigste ist nur, sich selbst zu erlauben, Fehler machen zu dürfen und zu ihnen zu stehen. Wir machen alle mal etwas kaputt oder vergessen etwas Wichtiges oder machen etwas falsch.

Warum sich wegschleichen, Ausreden oder vielleicht sogar Lügen erfinden? Weil du einen Fehler gemacht hast, brauchst du dich nicht schlecht oder schuldig zu fühlen.

Wenn du dich schlecht oder schuldig fühlst, trägst du eine schwere Last mit dir herum.

Sage lieber: „Ja, ich habe einen Fehler gemacht und lerne sicherlich daraus."

Erlaube dir, Fehler zu machen, und stehe zu deinen Fehlern.

3. Juli

Zerbrich dir nicht den Kopf

Zerbrich dir nicht den Kopf über andere Menschen. Du kannst tagelang überlegen, warum sie etwas Bestimmtes zu dir gesagt oder etwas mit dir gemacht haben. Andere Menschen sind andere Persönlichkeiten und verhalten sich anders als du.

Du bist auch eine einzigartige Persönlichkeit.

Jeder Mensch handelt und entscheidet anders. Erlaube auch jedem Menschen anders zu sein.

Denke an dich und zerbrich dir nicht den Kopf über andere, du kannst sie sowieso nicht ändern.

Lass die anderen so sein, wie sie sind.

Zerbrich dir also nicht zu sehr den Kopf über andere, sondern genieße DEIN Leben!

4. Juli

Tiefer See

Freizeit am See? Im Sommer an einem See zu sein ist etwas Tolles. Die Sonne scheint und das Wasser lädt zum Baden ein.

Der See wirkt so ruhig, sanft und friedvoll. Sei nicht ängstlich, aber *achtsam*, denn so ein See ist oft sehr tief und birgt auch Gefahren in sich.

Es ist nicht immer alles so, wie es scheint, aber es ist gut für dich, auch die eventuellen Gefahren zu erahnen. Seit achtsam beim Hineinspringen (springe niemals in ein unbekanntes Gewässer kopfüber hinein!), Toben oder Schwimmen. Der See ist vielleicht mit seiner Tiefe nicht einschätzbar.

So ist es auch in deinem Leben. Sei nicht hitzköpfig und bedenke die eventuellen Gefahren.

Sei nicht ängstlich, aber immer achtsam.

5. Juli

Was wolltest du schon immer gerne einmal machen?

Was wolltest du schon immer gerne einmal machen? Hast du es dir schon mal überlegt? Möchtest du zum Beispiel gerne ein Musikinstrument spielen lernen, eine Sportart ausüben, reiten gehen, dir einen Wunsch erfüllen...?

Lass deinen Gedanken einmal so richtig freien Lauf. Wenn du Unterstützung oder finanzielle Hilfe brauchst (vom Finanziellen her muss es natürlich im Rahmen und auch bezahlbar sein!), dann bitte deine Eltern um ein Gespräch. In diesem Gespräch könnt ihr es ganz bestimmt klären, ob dein Wunsch zu verwirklichen ist. Manche Dinge benötigen auch keinen finanziellen Aufwand, sondern vielleicht nur die Zeit der Eltern.

Geben deine Eltern ihre Zustimmung, dann beginne auch so schnell wie möglich mit dem, was du schon immer machen wolltest. Beginne es schnell!

6. Juli

Schuld suchen

Suche die Schuld nicht bei anderen!

Warum hast du das mit mir gemacht? Wieso hast du das so gemacht, ich musste mir ja wehtun! Kennst du solche Sätze?

Es ist Quatsch, die Schuld auf andere zu schieben. Die Verantwortung dafür, was dir geschehen ist, hast du ganz alleine. Du hättest ja anders handeln können, denn schließlich bist du ganz alleine dein Boss.

Wenn du über etwas gestolpert bist, was ein anderer liegengelassen hat, hättest du eben achtsamer sein und herumgehen müssen.

Wenn dich andere ärgern, dann lass dich eben nicht ärgern.

Wenn dich andere in der Schule ablenken und du Ärger mit der Lehrerin oder dem Lehrer bekommst, ist es auch deine Schuld. Du darfst dich eben nicht ablenken lassen.

Verstehst du?

Du kannst nicht immer die Schuld bei anderen suchen, denn die Verantwortung liegt bei dir selber.

7. Juli

Statussymbole

Statussymbole sind gekaufte Dinge, mit denen Menschen manchmal zeigen (und angeben) wollen, wie viel Geld sie haben oder was für tolle Typen sie sind.

Statussymbole können teure Autos, Häuser, Schmuck, Markenkleidung… und auch teure Urlaubsreisen sein.

Die Menschen wollen sich mit diesen Dingen in der Welt interessant machen. Sie wollen zeigen, was sie alles haben und sich leisten können. Die anderen Menschen sollen sie dafür bewundern. Die Bewunderung gilt aber nur dem Statussymbol und nicht wirklich dem Menschen.

Es gibt aber auch Menschen, die sehr hart arbeiten und sich sehr viel leisten können. Trotzdem sind diese Menschen sehr bescheiden und geben nicht mit ihrem Luxus an.

Wisse, du bist klasse, so, wie du bist. Du solltest deinen Wert schätzen und stolz auf dein Selbstwertgefühl sein.

Du brauchst keine Statussymbole, um dich interessant zu machen.

Sei ein liebenswerter Mensch, ohne dich mit Statussymbolen zu schmücken.

8. Juli

Kritik

Wenn andere dich ganz bewusst kritisieren, ist es in Ordnung. Sie kritisieren dich, weil du vielleicht etwas Blödes gesagt oder getan hast. Damit meine ich nicht, dass hinter deinem Rücken geredet und getuschelt wird, sondern dass sie dir etwas direkt sagen, was ihnen an dir nicht gefällt.

Erlaube diese Kritik, höre sie dir an und denke darüber in Ruhe nach. Wichtig dabei ist zu wissen, dass nur dein *Verhalten* kritisiert wird. *Deine Person / deine Persönlichkeit wird damit nicht kritisiert.*

Es ist ganz wichtig, diesen Unterschied zu wissen. Kritik kann insofern positiv sein, weil sie dir vielleicht auch einen Denkanstoß gibt, um über die Kritik nachzudenken. Dann kannst du etwas an deinem Verhalten ändern….

Sei offen für Kritik – und dankbar!

9. Juli

Misserfolge

Misserfolge sind manchmal doof, peinlich, unangenehm, zum Weinen, Heulen, Sich-Schämen …

All diese Gefühle sind dir bestimmt bekannt.

Aber das Gute daran ist, dass du aus diesen Misserfolgen oder Fehlern lernen kannst. Nutz die Chance und mach es das nächste Mal eben besser.

Lerne aus deinen Fehlern, und mach es das nächste Mal besser – oder anders.

10. Juli

Gut und Böse

Das ist *gut* und das ist *böse*. Die Wörter *gut* und *böse* werden sehr häufig gebraucht. Aber wer kann eigentlich genau sagen, was gut und böse ist?

Gut ist, was für einen gut ist, und etwas Böses schadet. Es liegt immer am Betrachter. Ein scharfes Messer kann zum Beispiel ein guter Helfer sein und eine Pizza schneiden. Dann ist es positiv. Genauso kann ein scharfes Messer auch in einen Finger schneiden und dann ist es sehr unangenehm. Also könnte man nicht so pauschal sagen, das Messer ist gut oder böse.

Es ist fast so wie Licht und Schatten, beide gehören auch zusammen. Denke da an das Licht des Sonnenscheins und die Dunkelheit im Mondlicht. Hier kann man auch nicht sagen, die Sonne ist gut und der Mond ist böse.

Alles hat immer zwei Seiten, wie der Schatten und das Licht. Auch du hast diese zwei Seiten.
Insofern sind die Wörter *gut* und *böse* eigentliche eine blöde Einteilung. Versuche Dinge und Situationen nicht in *gut* und *böse* einzustufen.

Versuche nicht zu entscheiden, was gut oder was böse ist.

11. Juli

Tag des Lächelns

Entscheide dich dafür, den heutigen Tag zum TAG DES LÄCHELNS zu machen.

Strahle und freue dich darüber,
dass du lebst,
dass es dir gut geht,
dass du gesund bist,
dass du zu essen und zu trinken hast,
dass du ein eigenes Zimmer hast,

dass ....

dass ....

– es gibt noch so viele weitere Dinge, über die du dich freuen kannst.

Dein Strahlen und dein Lächeln sende auch in die Welt hinaus. Schenke anderen Menschen doch auch mal ein Lächeln und schaue, was sich verändert.

HEUTE IST DER TAG DES LÄCHELNS.

12. Juli

Negative und vergiftete Gedanken

Stell dir vor, wie der Bauer im Frühjahr immer wieder Gift auf die Felder sprüht. Er möchte damit alle Wildkräuter und alles Unkraut vernichten. Dadurch wird alles zerstört.

Genauso wie dieses Gift alle wachsenden und blühenden Kräuter vernichtet, so können dich auch negative Gedanken sinnbildlich „vergiften" und dir dadurch deine Lebensfreude nehmen.

Du brauchst keine negativen und vergifteten Gedanken. Du möchtest bestimmt nicht deine Lebensfreude damit vergiften und zerstören. Meide die vergifteten Gedanken und denke positiv und lieber an die schönen Dinge im Leben.

Mach es dir bewusst und habe schöne Gedanken.

13. Juli

Beleidigung

Irgendwie wird man im Leben immer wieder einmal beleidigt, manchmal unabsichtlich und manchmal absichtlich. Wenn du einmal beleidigt wirst, dann kannst du dich darüber dumm und dämlich ärgern.

Willst du diesen Ärger in dir spüren und ihn mit dir herumtragen?

Trifft dich mal eine Beleidigung, dann kannst du auch darüber lächeln und einfach sagen: „DANKE". Es ist wichtig zu wissen, dass dich eine Beleidigung nur wirklich verletzen kann, wenn du es zulässt und dich darüber ärgerst.

Höre es dir einfach an, fühle dich kurz von der Beleidigung getroffen und denke dann: „Ich will mich nicht beleidigen lassen." Stell dir doch einfach vor, dass du die Beleidigung sinnbildlich von dir abschüttelst wie ein nasser Hund, der aus dem Regen kommt. Er schüttelt sich auch einmal kräftig und ist das Wasser einfach los.

Es hört sich schwierig an, aber es ist eine gute Sache, dies zu üben.

Warum sich über solch einen Quatsch wie Beleidigungen ärgern, es ist reiner Zeitverlust. Freue dich lieber über schöne Dinge.

14. Juli

Denke nicht an gestern

Verweile mit deinen Gedanken nicht im Gestern. Gestern ist vorbei und gewesen, das Gestern kannst du nicht zurückholen. Behalte Gestern einfach in schöner Erinnerung.

War es ein schöner Tag, war es toll.

War es ein miserabler Tag, streich ihn aus deinem Gedächtnis und vergiss ihn.

Die Zeit kannst du nicht zurückdrehen, ebenso wenig wie die Uhr eines Kirchturms.

Lebe jede Minute – HEUTE – ganz bewusst. Genieße dein Leben!

15. Juli

Die Welt ist ein Spiegel

Man könnte meinen, die Welt sei manchmal ein Spiegel. Wenn du dir also vorstellst, du kommst mit einer griesgrämigen Miene von der Schule zur Haustür rein und begrüßt so den Rest der Familie, dann spiegelst du deine Laune auf die anderen Menschen. Es kann dann sogar geschehen, dass sie ebenfalls eine schlechte Laune bekommen.

Dies soll nun wirklich kein Witz sein, denn Wissenschaftler haben es sogar herausgefunden. Verantwortlich dafür sind die Spiegelneurone, es sind Gehirnzellen, die auf die Mimik und Gefühle von anderen Menschen reagieren und bei uns selber dann so ein Gefühl hervorrufen.
Das ist auch die Erklärung dafür, warum wir manchmal traurig werden, wenn wir im Fernsehen etwas Trauriges sehen.

Das Spannende daran ist, dass du aber auch anderen Menschen ein „Gute-Laune-Spiegel" sein kannst. Wenn du gute Laune hast und es auch zeigst, dann sind auf einmal ganz viele Menschen um dich herum gut gelaunt.

Wenn die Welt also ein Spiegel ist, dann spiegle lieber gute Laune.

16. Juli

Besserwisserei

Wenn du eine Sache wirklich gut einschätzen kannst oder dich damit gut auskennst, dann ist es gut, etwas dazu zu sagen.

Wenn es für dich aber doch nicht ganz so klar ist, dann warte lieber ab und überlege noch einmal. Dann ist immer noch genug Zeit, etwas zu sagen.

Es werden oft Kommentare abgegeben, die eigentlich Unsinn sind. Manche Menschen scheinen alles besser zu wissen, obwohl sie die Situation nicht einschätzen können oder die Hintergründe nicht kennen. Einige Situationen haben sie auch noch niemals so erlebt, und trotzdem werden Kommentare abgegeben, damit es so aussieht, als ob man über alles Bescheid weiß.

Es gibt Menschen, die meinen sowieso, alles besser zu wissen.

Sei kein ewiger Besserwisser. Wenn du aber wirklich einmal etwas besser weißt, dann teile dich auch mit.

17. Juli

Reden ist Silber, Schweigen ist Gold

„Reden ist Silber, Schweigen ist Gold", das ist eine alte Volksweisheit.

Die Bedeutung dieser Weisheit ist ganz einfach: Es ist nicht immer toll, sich als geschwätziger, sich ewig unterhaltender Mensch in den Vordergrund zu drängen. Die eigenen Gedanken müssen auch einmal zur Ruhe kommen und können dann viel besser mitgeteilt werden.

Schweige auch ruhig mal, mach dir deine Gedanken bewusst und dann teile dich mit. Aber nicht als ewiger Alleinunterhalter.

Teile dich und deine bewussten Gedanken anderen mit.

18. Juli

Ohne Eile

Versuche in deinem Leben so wenig wie möglich unnötig zu hetzen. Was bringt dir diese ewige Eile? Was bringt es dir, Hals über Kopf loszujagen?

Ein Beispiel: Du hast morgens verschlafen, und es ist zu spät, um noch pünktlich in die Schule zu kommen. Was machst du dann? Du hetzt aus dem Bett, schnappst dir vielleicht eine Banane, springst in die Klamotten, rauf aufs Fahrrad, trittst in die Pedale und rast los…

Was bringt dir das wirklich? Du wirst total geschafft in der Schule ankommen und hast dabei vielleicht sogar dein Leben aufs Spiel gesetzt, weil du unachtsam, superschnell zur Schule gerast bist, und das für höchstens 10 gesparte Minuten!

Wenn du verschlafen hast, kannst du in diesem Moment sowieso nichts ändern. Steh in Ruhe auf, mach die Dinge, die du immer tust, und mach dich ganz achtsam und bewusst auf den Weg. Okay, dann bist zu eben zu spät, aber du wirst ganz entspannt in der Schule ankommen. Entschuldige dich, und lass dein Verschlafen wirklich nur eine einmalige Geschichte sein.

Setz nicht dein Leben durch unnötige Eile aufs Spiel, mache alles bewusst und ohne Eile.

19. Juli

Die Aura

Jeder Mensch hat eine Energiehülle um sich herum. Bei manchen ist diese Energiehülle ganz ausgedehnt, und bei manchen ist sie eher kleiner. Diese Energiehülle, die Aura genannt wird, kann man sogar fotographisch darstellen. Ein russischer Wissenschaftler namens Kirlian hat dies entdeckt.

Die Aura kann etwas über deinen emotionalen oder körperlichen Gesundheitszustand aussagen. Die Energiehülle hat eine ganz besondere Schwingung oder „Ausstrahlung". Diese Ausstrahlung kann man spüren. Manche Menschen können es, und manche Menschen schulen dafür ihre Wahrnehmung. Es gibt sogar Menschen, die die verschiedenen Farben der Aura sehen können. Die Ausstrahlung anderer Menschen entscheidet, ob du dich bei ihnen pudelwohl oder aber total unwohl und angespannt fühlst.

Nervöse Menschen mit eher negativen Gedanken haben eine unregelmäßige Schwingung, daher auch dein *Gefühl des Unwohlseins.*

Menschen, die glücklich und mit sich und der Welt zufrieden sind, haben eine angenehme Ausstrahlung. Du spürst dieses zufriedene Gefühl und fühlst dich in ihrer Nähe wohl. Das ist das Geheimnis der Aura.

Versuche immer zu spüren, mit wem du es zu tun hast.

Spüre genau, wo du dich unwohl oder wohl fühlst. Umgib dich mit Menschen, bei denen du dich wirklich wohlfühlst.

20. Juli

Hautfarbe

Gott hat alle Menschen geschaffen – Menschen mit heller Haut, Menschen mit schwarzer Haut, Menschen mit gelber Haut, Menschen mit roter Haut.

Egal, welche Farbe deine Haut hat – alle Menschen sind gleich. Alle Menschen haben das Recht, gleich respektvoll und liebevoll behandelt zu werden. Die Sonne scheint auch für ALLE Menschen und sucht sich nicht nur bestimmte Menschen aus.

Beurteile Menschen niemals nach ihrer Hautfarbe. Versuche in ihre Herzen zu schauen.

Respektiere alle Menschen und werde selbst ein liebevoller, friedlicher Mensch.

21. Juli

Groß oder klein

Es ist unwichtig, ob etwas groß oder klein ist. Alles hat eine besondere Berechtigung und einen besonderen Wert im Leben.

Zum Beispiel gibt es winzig kleine Tiere, die eine ganz besondere Aufgabe auf diesem Planeten haben. Töte sie nicht, nur weil du ein Mensch bist und diese Tiere sehr klein und vielleicht nicht so angenehm sind.

Es ist nicht entscheidend, ob man groß oder klein ist.

Du bist im Moment noch ein kleiner Mensch. Aber auch als kleiner Mensch bist du ganz großartig und wichtig und hast deinen besonderen Wert. Andere Menschen müssen auch deinen Wert schätzen und dich respektieren.

Es ist nicht entscheidend, ob man groß oder klein ist.

Auch kleine Kinder haben manchmal großartige Ideen. Und es ist sehr wichtig, deine Ideen den „Großen" mitzuteilen.

Egal, ob groß oder klein, DU bist wichtig und wertvoll.

22. Juli

Ziele haben

Jeder Mensch hat manchmal Ideen, was er gerne machen möchte. Kinder können da auch ganz besonders kreativ sein.

Doch manchmal hat man eine Idee und wenn es dann nicht gleich klappt, geht sie irgendwie verloren. Wenn dir diese Idee oder dein Vorhaben aber ganz wichtig sind, dann schreibe sie dir auf ein Blatt Papier. Du kannst daraus auch ein schönes Bild machen. Manchmal ist es auch sehr hilfreich, neben seinen Ideen und Plänen auch seine Ziele aufzuschreiben. Vielleicht möchtest du dich in einem Schulfach verbessern, dann schreibe es genauso auf. Wenn du etwas aufschreibst, wird es für dich immer sichtbar sein und dir helfen, dass sich bald ein Erfolg einstellt.

Ein Beispiel:

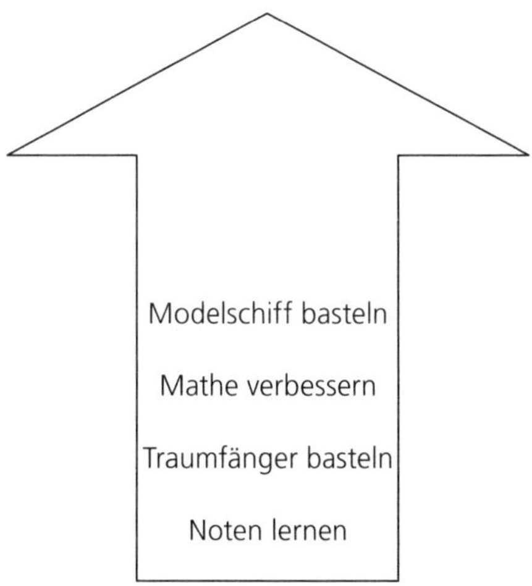

Mein Erfolg

Zielen haben, Ziele definieren, Ziele erreichen

23. Juli

Beleidigt sein

Es ist ziemlich bescheuert, einfach zu maulen und die ständig beleidigte Leberwurst zu spielen.

Du möchtest etwas haben oder machen und es läuft nicht ganz nach deinen Vorstellungen. Du maulst herum und bist total beleidigt und spielst die beleidigte Leberwurst. Welchen wirklichen Vorteil bringt es dir?

Eigentlich erreichst du doch erst recht nicht, was du möchtest. Maulen und Beleidigtsein bedeutet doch nur, dass du deine wirklichen Gefühle nicht zum Ausdruck bringst.

Bist du beleidigt und maulst, weil man dich ungerecht behandelt hat? Oder bist du traurig?

Anstatt zu maulen und beleidigt zu sein, teile dich und deine Gefühle wirklich mit.

24. Juli

Fahne im Wind

Hast du schon einmal eine Fahne im Wind beobachtet? Je nach Windrichtung ändert auch die Fahne ihre Richtung. Dies kann täglich oder stündlich sein.

Es mag sicherlich wichtig sein, im Leben eine gewisse Flexibilität (= immer bereit sein, schnell umzudenken und sich zu verändern) zu haben, aber deine Grundeinstellung sollte „standhaft" sein. Wenn du deine Grundeinstellung ändern möchtest, mache dir bitte Gedanken darum.

Versuche nicht, wie die Fahne im Wind zu sein: Der eine möchte es so von dir hören, dann schwenkst du eben in diese Richtung. Ein anderer möchte es aber so lieber, dann wird wieder sofort umgeschwenkt usw..

Bleibe bei deiner Einstellung, auch wenn du andere Ansichten hast und vielleicht ganz allein mit deiner Meinung dastehst! Habe nicht DIE Meinung, die andere von dir hören wollen.

Sei keine Fahne im Wind, bleib ganz klar bei deiner Einstellung.

25. Juli

Traumfänger*

Träume können sehr schön sein, aber manche können auch unangenehm sein. Vielleicht bist du auch schon einmal ganz erschrocken von einem Traum aufgewacht. Diese Träume wollen dir zeigen, was dich gerade sehr intensiv bewegt oder beschäftigt.

Es ist ganz wichtig, dass du diese unangenehmen Träume mit einer Person deines Vertrauens teilst. Ganz nah sind dir meistens deine Eltern, sprich mit ihnen über deine Träume. Indem du dich ihnen mitteilst, hast du schon einen Teil Erschrockenheit oder Angst geteilt. Durch das gemeinsame Sprechen über deine unangenehmen Erlebnisse oder Ängste kann sich dann auch der Rest deiner Angst auflösen.

Es ist sehr hilfreich, einen Zuhörer für Träume zu haben. Du bekommst dann auch eine neutrale Ansicht oder den Rat einer erwachsenen Person. Dies ist bei „schlimmen Träumen" sehr wichtig und hilfreich. Du kannst deine Träume auch aufschreiben oder Bilder dazu malen.

Wichtig ist nur, dass du dich mitteilst, vergrabe dich nicht in deinen Träumen und lass deine Erschrockenheit und Angst nicht größer werden. Eins merke dir: Es gibt keine lächerlichen Träume, egal, wie verrückt sie manchmal sind.

Sei kein Traumfänger, und behalte sie für dich, sondern teile deine Träume mit. …

Aber du kannst dir auch einen Traumfänger basteln oder dir einen schenken lassen und ihn über dein Bett hängen.

* die Indianer haben solche Traumfänger, sie sehen aus wie ein kleines, mit Perlen und Federn verziertes Spinnennetz.

26. Juli

Zufälle

Es gibt im Leben manchmal die tollsten Situationen. Es gibt aber auch Situationen, die nicht so toll sind. Dann sagt man oft: *So ein Zufall.*

Gibt es denn wirklich Zufälle? Zufall bedeutet: Situationen oder Erlebnisse, die einem zufallen. Fälle, die einem zufallen, sind Zufälle.

Wenn dir eine supertolle Situation „zufällt", freue dich und sieh es als Geschenk „von oben" (vielleicht von den Engeln?) an.

Erlebst du etwas nicht so Tolles, dann scheint es so, als ob du noch ein wenig mehr zu lernen hast. Sieh es als eine Lektion „von oben" in deinem Leben.

Mach dir Gedanken, warum es so kommen musste und wofür es vielleicht auch gut war. Vielleicht bittest du deine Eltern oder Freunde, mit dir zu überlegen. Andere haben einen ganz anderen Blickwinkel und können dir eine Erklärung geben.

ZUFÄLLE? Was fällt dir denn zu?

Danke dafür und sei glücklich oder danke für die erhaltene Lektion.

27. Juli

Freu dich über deinen Körper

Betrachte heute einmal deinen ganzen Körper genau. Sieh dir auch die Körperstellen an, wo du denkst: „Na, ja, ist nicht so toll." Welche Bereiche magst du besonders an dir und wo bist du unzufrieden? Warum bist du unzufrieden oder warum magst du dich so nicht leiden?

Freue dich über deinen Körper, gleichgültig, was ist, wie du bist oder wie du aussiehst.

Nimm deinen Körper so an, wie er geschaffen wurde. Wenn du deinen Körper wirklich magst, dann ist es auch egal, wie er aussieht. Wer sagt schon, was perfekt ist? Willst du makellos und perfekt aussehen? Dann hättest du eine Puppe werden müssen.

Du bist, wie du bist. Du kannst dich auch so annehmen. Sage es dir immer wieder, bis die Botschaft in jede deiner Zellen eingedrungen ist.

Lerne dich zu mögen, so, wie DU bist und wie DU aussiehst.

Sage deine Botschaft:

Ich liebe meinen Körper. Ich nehme mich so an, wie ich bin.

28. Juli

Sonnenschein

Strahlend steht die Sonne am Himmel. Die Sonnenstrahlen erreichen uns, geben uns Wärme und Lebenskraft.

Die Sonne scheint für alle Menschen auf dieser Erde gleich. Der Sonne ist es ganz egal, ob arm oder reich, gesund oder krank oder welche Hautfarbe der Mensch hat.

Die Sonne unterscheidet nicht. Sie gibt allen Lebewesen gleich viel von ihrer Sonnenkraft.

Es ist ein sehr schönes Beispiel. Versuche auch du nicht zu bewerten oder zu unterscheiden.

Mach es wie die Sonne, teile mit allen Menschen, was du teilen möchtest.

29. Juli

Schreckliche Nachrichten

Gewalt, Tod und andere schreckliche Nachrichten gehören (leider) zum Alltag. Es ist wichtig und richtig, sich zu informieren, was in der Welt los ist. Aber lass all diese Horrormeldungen nicht ständiger Begleiter in deinem Leben sein, denn sie können dir Angst vor dem Leben machen.

Versuche immer fröhlich und glücklich zu sein. Vertraue der Intuition oder „Höheren Führung" und wisse, für dich ist nur das Beste vorgesehen.

Sei gesund, glücklich und voller Lebensfreude.

30. Juli

Behindert sein

Behinderte Menschen begegnen uns überall im Leben. Gehöre nicht zu den Menschen, die einen Bogen um behinderte Menschen machen oder sie gar auslachen.

Behinderte Menschen sind keine komischen, kranken Wesen – sie sind einfach nur anders. Sie sind zwar in der Beweglichkeit oder im Denken oftmals sehr eingeschränkt, dennoch haben sie eine sehr sensible Seele. Sie erleben die Welt mit anderen Augen und haben eine andere Begabung. Sie können sich auch nicht so mitteilen, wie du es kannst.

Du kannst viel von diesen Menschen lernen, du musst ihnen nur ohne Unsicherheit begegnen.

Sei offen für alle Menschen, denn sie haben alle verschiedene Begabungen und Besonderheiten.

31. Juli

Ordnung

Versuche in regelmäßigen Abständen (es muss ja nicht täglich sein!) in deinem Zimmer Ordnung zu machen. Räume wirklich alles auf, auch die Schubladen oder die Schränke sind mal dran. Sortiere auch kaputte Dinge aus. Was du nicht mehr brauchst, kannst du an andere Kinder verschenken oder es, wenn es nicht mehr funktionstüchtig ist, entsorgen.

Räumst du regelmäßig auf, dann hast du nicht nur Ordnung in deinem Zimmer, sondern auch viel Raum und Platz für neue Dinge. Alles zu sammeln, zu horten und auch kaputte Dinge aufzubewahren führt irgendwann zu einem Chaos, weil du dich so langsam vollmüllst.

Chaos und Durcheinander in deinem Zimmer können auch ein Chaos in deinem Kopf verursachen!

Also schaffe hin und wieder Ordnung in deinem Zimmer (und gleichzeitig auch in deinem Kopf...)

1. August

Sprich nicht darüber

„Sprich nicht darüber"... – kennst du diesen geheimnisvollen Satz ? Er wird von manchen Erwachsenen immer wieder gerne gebraucht.

Nur nicht darüber sprechen, wenn Kinder dabei sind.
Nicht darüber sprechen, wenn etwas sehr Heikles passiert ist.
Nicht darüber sprechen, bei Unannehmlichkeiten... die Nachbarn könnten davon erfahren.

SPRICH ÜBER ALLES!

Warum soll eine Angelegenheit unter den Teppich gekehrt werden, also einfach sinnbildlich weggefegt und somit totgeschwiegen werden? Dies ist auch keine Lösung, sondern nur ein „scheinbares" Loswerden. Es ist viel wichtiger, den Dingen des Lebens ins Auge zu sehen und wirklich über *alles* zu sprechen und alles zu klären.

Darüber sprechen heißt, über die Dinge zu reden, so, wie es ist. Falls es sich um Sorgen oder Probleme handelt, dann sollte man zusammen mit den Erwachsenen nach einer guten Lösung suchen. Es gibt für alles immer eine Lösung!

Dinge zu vertuschen oder einfach zu schweigen bedeutet, sie bei sich im Körper zu verstecken. Dein Unterbewusstsein mag diese Dinge aber nicht, dein Körper beginnt vielleicht irgendwann einmal zu brodeln, weil es eigentlich aus dir raus will. Wenn man immer alles schluckt, können langfristig daraus auch körperliche oder seelische Probleme werden.

Also: SPRICH DARÜBER! Sprich über alles.

2. August

Berg und Tal

Das Leben ist wie eine Berg- und Talfahrt.

Nach jeder Talfahrt geht es wieder bergauf. Das Tal kann manchmal so tief sein, dass keine Sonnenstrahlen hineingelangen. Wenn man weiterfährt, dann kommt man wieder auf einen Berg hinauf und dort scheint die Sonne umso heller…

So ist es auch in deinem Leben. Das Leben verläuft immer in Linien mit Berg- und Talfahrten. Manchmal gibt es auch einfach nur eine gerade Strecke, aber es ist immer eine Bewegung in der Lebenslinie. Sie wird nie einfach immer gleich verlaufen. Bei der Bergfahrt erlebst du alles ganz freudig und alles läuft perfekt, während bei der Talfahrt manchmal alles schief läuft.

Wenn du gerade auf Talfahrt bist, dann erlebst du alles als anstrengend und nicht so harmonisch. Es ist aber so und du kannst es gerade nicht ändern, aber wisse: Der Berggipfel mit den Sonnenstrahlen ist schon in Sicht.

Ganz von allein kommt dann wieder die ersehnte Hochform mit „den Sonnenstrahlen des Lebens", du fühlst dich oben auf, alles geht locker und leicht und alles ist harmonisch.

Das Leben geht durch Berg und Tal.

3. August

Glücksbringer

Glücksbringer haben schon eine uralte Geschichte und Tradition. Viele alte Völker haben sich immer durch Glückbringer begleiten lassen. Die Indianer hatten immer ihre Glückssteine, die Türkise, dabei.

Es ist schön, einen Glücksbringer bei sich zu haben. Gerade dann, wenn ganz aufregende oder wichtige Termine oder Angelegenheiten bevorstehen.

Dein Glücksbringer kann ein kleines Stofftier, ein Schmuckstück, ein Stein vom Strand, eine besondere Feder oder ein Edelstein sein. Es gibt so viele weitere Möglichkeiten.

Mein Glücksbringer ist:

....

....

(Es können auch mehrere sein.)

Suche dir deinen ganz persönlichen Glücksbringer aus und trage ihn bei dir.

4. August

Großeltern

Wenn deine Großeltern noch leben, dann sei sehr stolz, dass du noch welche hast. Großeltern sind sehr viele Jahre älter als du. Sie haben schon viele Dinge in ihrem Leben erfahren. Großeltern haben nicht nur eine große Lebenserfahrung, sondern strahlen auch sehr viel Ruhe aus. Respektiere deine Großeltern, so, wie sie sind. Die Großeltern von heute sind auch meistens schon sehr modern, im Gegensatz zu früher, als man das Bild von der strickenden Omi im Schaukelstuhl vor sich hatte.

Manche Kinder sagen: *„Die spinnen ja, die Alten"* und erkennen dabei aber nicht die Weisheit der älteren Menschen. Großeltern haben manchmal andere Ansichten als du. Dies ist auch in Ordnung. Du darfst ja auch eine eigene Meinung und Lebenseinstellung haben, aber lass dir von deinen Großeltern aus ihrem Leben erzählen und lass deine Großeltern an deinem Leben teilhaben.

Nimm dir regelmäßig vor, ihnen in bestimmten Zeitabständen etwas Gutes zu tun.

Sei stolz auf deine Großeltern und respektiere sie!

5. August

Elektrosmog

Elektronische Geräte sind in der heutigen Zeit sehr wichtig geworden. Wende sie auch mit größtmöglicher Umsicht an. Jedes Gerät gibt bei Betrieb auch eine Schwingung ab, die nicht immer förderlich für die Gesundheit sein muss. Viele Dinge sind erforscht, andere Dinge sind aber noch umstritten. Die Forschung zeigt aber, dass der ständige Kontakt mit diesen Geräten nicht unbedingt gut für den menschlichen Körper ist. Elektronische Geräte haben eine Strahlung, den Elektrosmog. Manche Menschen reagieren sehr sensibel auf die Strahlung der Geräte.

Sorge für dich.

Achte darauf, dass kein elektrischer Wecker direkt an deinem Bett steht. Lass deinen Computer oder die Musikanlage nicht dauernd laufen. Hocke nicht stundenlang vor dem Computer oder Fernseher. Alle kabellosen Elektronikgeräte sind mit größter Sorgfalt zu gebrauchen, da sie mit Funk arbeiten. Führe keine Dauergespräche mit einen Funktelefon oder einem Handy. Iss nicht täglich Nahrung aus der Mikrowelle.

Viele Dinge kannst du nicht umgehen. Sei aber sorgsam im Umgang.

6. August

Eine Perle

Es war einmal eine wunderschöne Muschel auf dem Meeresgrund. Sie war ganz glücklich. Dann kam da etwas angeschwommen und erreichte die Muschel in ihrem Inneren. Es gab eine richtige schmerzliche Verletzung. Die Muschel war ganz unglücklich und wurde sogar ein wenig krank. Ein Fremdkörper war in der Muschel gelandet, die Muschel konnte ihn nicht wieder loswerden. Was sollte sie tun? Etwas Schlimmes war geschehen. Verzweifeln? Resignieren?

Die Muschel entschied sich, diese Situation anzunehmen. Sie konnte nichts ändern, aber sie wollte das Beste daraus machen....

Aus der schrecklichen Situation wurde etwas ganz Wunderbares. Um den Fremdkörper hatte die Muschel ihre positiven Gedanken gelegt und es ist eine ganz wunderschöne, kostbare Perle entstanden.

Jetzt ist die Muschel ganz stolz und überglücklich.

Nimm auch du jede Situation an, und mache das wirklich Beste daraus.

7. August

Widerstand durchbrechen

Manchmal möchte man etwas tun, aber ständig tauchen immer wieder innere oder äußere Widerstände auf, und es klappt einfach nicht so, wie man es gerne möchte.

Äußere Widerstände können zum Beispiel Terminprobleme sein, oder die Umsetzung einer Idee gestaltet sich als sehr schwierig. Ein innerer Widerstand ist deine wirkliche innere Einstellung zu einer Sache oder deine verborgenen Ängste.

Widerstände hindern uns am Tun.

Wenn jedoch dein Wille und deine volle Konzentration auf den Widerstand gelenkt wird, kann er durchbrochen werden – egal, wie groß er ist. Glaubst du es nicht? Es ist aber so!

Denke doch einmal an die Karatekämpfer, die in der Lage sind, mit ihren Händen ein Brett oder eine Betonplatte durchzuschlagen. Dieses Brett oder die Betonplatte zu teilen hat nicht nur etwas mit Kraft und Stärke zu tun, sondern damit, die Muskelkraft und die Konzentration auf den Widerstand (Brett) zu lenken, damit dieser durchbrochen wird. Würde man nur mit der Kraft zuschlagen, würde man sich sicherlich arg verletzen. Wichtig ist die gebündelte Kraft der Konzentration!

Nimm deinen starken Willen und deine volle Konzentration und durchbrich auch all deine Widerstände.

8. August

Inneres Selbst

Dein inneres Selbst liegt tief in dir. Es ist deine innere Stimme oder wird auch Intuition oder Bauchgefühl genannt. Manchmal fällt es schwer, auf dein inneres Selbst zu hören, weil sich der Kopf scheinbar „immer einmischt". Dein inneres Selbst weiß ganz genau, was für dich gut oder gerade ungünstig ist. Um dein inneres Selbst mit all seinen Wünschen und Bedürfnissen wirklich kennenzulernen, ist es wichtig, immer mal einen Moment ruhig zu werden und zu entspannen. Wenn deine Gedanken zur Ruhe gekommen sind, dann kannst du versuchen, eine Verbindung zu deinem inneren Selbst aufzunehmen.

In der Entspannung kannst du dein inneres Selbst viele Dinge fragen, zum Beispiel:

- Welchen Wunsch hat mein inneres Selbst gerade?
- Welche Farbe braucht mein inneres Selbst, damit es mir gut geht?
- Was ist gerade wichtig für mich und mein inneres Selbst?

Wenn du dir diese Fragen in absoluter Ruhe und Entspannung stellst, werden bei dir Bilder, Farben, Formen oder Botschaften auftauchen. Egal, was es ist, es ist niemals albern oder lächerlich! Nimm diese Bilder oder Botschaften sehr ernst und überlege dir, wie du etwas Gutes für dein inneres Selbst und dich tun kannst.

Komm einmal täglich in Kontakt zu deinem inneren Selbst und erkenne die Wichtigkeit, für dein inneres Selbst zu sorgen.

9. August

Drehen um die eigene Achse

Suche dir für diese Übung genügend Raum, am besten machst du sie in der Natur auf einer Wiese. Es sollte Platz da sein, so dass du nicht stolpern kannst.

Stell dich aufrecht hin, strecke deine Arme parallel zum Boden, die Handflächen zeigen nach unten. Aus dieser Stellung heraus beginnst du dich im Uhrzeigersinn (wichtig!) um die eigene Achse zu drehen. Mache das, sooft du magst, aber übertreibe es nicht. Es soll sich für dich immer noch gut anfühlen.

Damit dir nicht schwindelig wird, lege bitte nach Beendigung die Handflächen aneinander und lege die Hände vor der Brust auf und fixiere mit den Augen einen Punkt. Schwindelgefühle können dadurch schnell wieder verschwinden.

Mit dieser Übung aktivierst du deine Körperenergie. Durch die Rechtsdrehung drehst du auch in Erddrehrichtung. Du kannst dir vorstellen, dass eine Energiespirale durch deinen Körper zieht und dich durch die Drehung mit neuer Energie von unten versorgt. Alte Energie lass einfach gedanklich aus deinem Körper herausschrauben. Die Übung bringt dir guten Bodenkontakt, einen klaren Kopf und viele neue Energie.

Dreh dich – wirble dich, sooft du nur magst, und habe Spaß dabei.

(Wenn du Kreislaufprobleme oder sonstige gesundheitliche Probleme haben solltest oder dir leicht schwindelig wird, dann drehe dich lieber nicht.)

10. August

Alle Wunder

Versuche täglich und immer wieder die Schönheit und Wunder um dich herum neu zu entdecken und auch bewusst wahrzunehmen. Wenn du dich mehr und mehr für alles Schöne und Wunderbare um dich herum öffnest, wirst du sehr viele kleine Wunder in deinem Alltag entdecken.

Was kannst du heute an Schönheit und Wundern entdecken?

Nimm all das, was du entdeckst, bewusst wahr und erfreue dich daran. Je öfter du das Schöne und Wunderbare um dich herum wahrnimmst, umso größer kann die Freude in deinem Herzen werden. Es wird nicht lange dauern und *du* beginnst innerlich zu strahlen, weil du auch dich für das Schöne und Wunderbare im Leben geöffnet hast.

Verbinde dich mit der Schönheit und dem Wunder in allem. Lass dieses Glücksgefühl aus deinem Herzen strahlen.

11. August

Wasserrad

Das Wasserrad dreht sich immer wieder und unermüdlich. Es ist ständig in Bewegung und schöpft auf der einen Seite das Wasser hoch und auf der anderen Seite wird das Wasser wieder hinunterbewegt. Durch die Bewegung des Wassers bleibt das Wasserrad in Schwung.

Genauso ist es auch im Leben: Mal wird alles hochbewegt und alles läuft gut und glatt. Du bist glücklich und zufrieden. Dann gibt es aber auch die Abwärtsbewegung, wie beim Wasserrad, und es geht auch mal was daneben und du fühlst dich nicht ganz so gut.

Denke immer an das Wasserrad: Nach einer nicht so guten Phase dauert es nicht lange und der Schwung für das „Hoch" kommt.

Es ist wichtig zu wissen: Das Rad des Lebens bleibt immer in Bewegung.

12. August

Schritt für Schritt

Wenn du eine tolle Idee hast oder ein größeres Projekt erschaffen möchtest, dann beginne mit der Überlegung: Wie fange ich es an und wie führe ich es durch. Egal, ob gedanklich oder auf dem Papier, mache immer eine Planung und überlege dir die Reihenfolge dessen, was zu tun ist.

Dann mache dir bewusst, dass dein Vorgehen nur *Schritt für Schritt* erfolgen kann. Sinngemäß bedeutet es, dass du eine bestimmte Reihenfolge beachten musst.

Du machst einen Schritt und führst etwas aus. Den nächsten Schritt kannst du aber erst machen, wenn der erste Schritt erledigt ist. Beachtest du die Reihenfolge nicht und machst du zu viele Schritte oder Dinge auf einmal, dann kommst du ins Stolpern. Dadurch kann Chaos entstehen und dein Vorhaben wird scheitern.

Es ist immer wichtig, die Reihenfolge zu beachten.

Wenn ein neues Haus gebaut wird, dann wird auch Schritt für Schritt gebaut. Die Bauarbeiter können ja auch nicht gleich mit dem Auflegen der Dachziegel beginnen. Vorher müssen viele andere Bauschritte beachtet werden.

Denke daran: Gehe immer Schritt für Schritt voran.

13. August

Über Situationen erzählen

Wenn man dir etwas über eine andere Person erzählt, was sie zum Beispiel gemacht hat oder wie sie sich verhält, du aber die Situation nicht selbst miterlebt hast, dann beurteile es auch nicht. Du kannst nichts dazu sagen, denn du weißt gar nicht, wie genau die Schilderung der Situation wirklich ist. Jeder Mensch sieht manche Dinge anders und erzählt sie ganz allein aus seiner Sicht.

Wenn jemand dir zum Beispiel erzählt, dass der Junge aus der Klasse 3 c faul ist, immer beim Nachhausekommen trödelt und seine Schulhefte ganz unordentlich sind, dann kannst du zu dieser Aussage gar nichts sagen und es auch nicht weitererzählen. Du hast ja seine Schulhefte selbst noch niemals gesehen und weißt auch gar nicht, wie schnell oder langsam er nach Hause geht. Du könntest nur etwas darüber erzählen, wenn du es auch wirklich genau weißt. Ansonsten musst du ganz klar sagen, dass du es nicht persönlich, sondern nur von anderen weißt. Solche Dinge über andere zu erzählen ist einfach nur „Klatsch und Tratsch".

Rede und urteile nur über Situationen, die du auch persönlich beurteilen kannst, und beteilige dich nicht an unsinnigem Klatsch und Tratsch.

14. August

Genieße

Genieße alle wunderschönen Momente in deinem Leben.

Genieße es, wenn du gelobt wirst.
Genieße es, wenn du verwöhnt wirst.
Genieße es, wenn du geliebt wirst.
Genieße es, wenn du beschenkt wirst.
Genieße es, wenn die Sonne auf dich scheint.
Genieße es, wenn du glücklich bist.

Genieße es, wenn ....

....

Überlege dir, was du noch alles genießen kannst.

Genieße ganz bewusst alle wunderschönen Momente in deinem Leben.

15. August

Ruhe im Chaos

Es gibt Momente in deinem Leben, da geht absolut alles schief, und es scheint, als würde alles auf dich herabprasseln. Es scheint wie ein einzigartiges Chaos, in dem du mittendrin steckst.

Was tust du dann? Du allein hast die Möglichkeiten zu entscheiden.

- Du kannst total durchdrehen, dich gestresst fühlen und vor lauter Wut herumschreien und dich ganz hilflos fühlen.
- Du hast aber auch die Möglichkeit zu entscheiden, dass du an dieser Situation momentan nichts ändern kannst, obwohl es dir nicht gefällt und du noch niemals solch eine chaotische Situation erlebt hast.

Bleib einfach ruhig und gelassen, ändern kannst du jetzt sowieso auf die Schnelle nichts. Sag dir einfach in Gedanken: „So ein Mist! Ich mach aber das Beste draus."

Wenn du dich für die zweite Alternative entscheidest, dann hast du dich gut entschieden. Du nimmst diese chaotische Situation mit großer Gelassenheit hin. Du behältst die Ruhe und kannst nach einer Pause neu überlegen, wie du wieder alles ordnen und die Situationen lösen kannst.

Wenn du das Gefühl hast, beinahe durchzudrehen, oder herumwütest, überlege dir, was es dir letztlich wirklich bringt. Außer, dass du vielleicht Kopfsausen bekommen könntest, wird es nicht förderlich sein. Du kannst aber gerne eine „Schimpfminute" einlegen, um deine ganze Wut herauszulassen, aber ändern kannst du damit auch nichts.

Versuche in jedem Chaos immer die Ruhe zu bewahren.

16. August

Klarheit

Klarheit bedeutet zu wissen, was du wirklich willst. Sich nicht entscheiden können und unsicher sein heißt, nicht klar zu sein.

Ein Beispiel: Zwei Radfahrer begegnen sich auf einer schmalen Straße. Beide Radfahrer sind unsicher. Sie fahren aufeinander zu und werden immer unsicherer. Beide überlegen, ob der andere wohl ausweichen wird. Dann wählen aus Unsicherheit beide dieselbe Seite. Beide sind unsicher und fahren in Schlangenlinien aufeinander zu, links, rechts....

Wenn einer der beiden Radfahrer sich nicht verunsichern lässt und sich ganz im Klaren ist, wie er weiterfährt, dann würde der andere Radfahrer es merken und dieses Hin und Her würde nicht entstehen. Sie würden dann ganz problemlos aneinander vorbeifahren.

Vielleicht hast du eine ähnliche Situation als Radfahrer oder Fußgänger auch schon einmal erlebt.

Ab jetzt wähle deinen Weg, triff deine Entscheidungen in Klarheit.

17. August

Wie eine wunderschöne Blume

Du warst einmal ganz klein, fast genauso klein wie das Samenkorn einer Blume.

Du bist geboren worden und warst auf einmal als kleiner Mensch auf der Erde. Eine Blume wird auch geboren, wenn sie beginnt aus der Erde zu sprießen.

Dann bist du gewachsen und bist immer größer geworden – wie eine Blume, die bei guter Pflege wächst und gedeiht, um dann bald zu blühen.

Du bist auf die Welt gekommen, um zu strahlen und auch zu „erblühen". Durch deine Ausstrahlung (dein Erblühen) zeige anderen Menschen, wie schön und bereichernd deine besondere Ausstrahlung ist.

Du strahlst dann so viel schöne, besondere Energie aus, dass von dir eine angenehme Ausstrahlung ausgeht, ebenso wie von der Blume, die zu blühen beginnt.

Die Blüten der Blumen leuchten in wunderschönen Farben und erfreuen die Menschen. Es ist schön, sie anzuschauen und sich daran zu erfreuen. Eine Blume hat durch ihre Blütenpracht eine ganz besondere Wirkung auf die Umgebung und die Menschen. Wichtig dabei ist, dass sie gut gepflegt wird und nicht verkümmert.

Achte auf dich, dass es dir immer gut geht. Fühle dich so, als würdest du wie eine wunderschöne Blume immer mehr erblühen.

18. August

Selbstannahme

Du bist ein so wunderbar geschaffenes Menschenkind – so, wie du bist.

Lass hierüber keine Zweifel aufkommen. Du sollst lernen, dich so zu lieben und zu akzeptieren, wie du bist.

Wenn du Sommersprossen hast – wer sagt, dass Sommersprossen doof sind, ist doch selber blöd! Was stört die Zahnlücke, sie gehört zu dir. Du hast ein Muttermal, es ist etwas Besonderes an dir. Es macht dich einzigartig. Eine Brille? – Na und! Sie ermöglicht dir ein besseres Sehen.

Du bist einzigartig und wunderbar – so, wie du bist.

Wenn andere etwas an dir nicht mögen oder dich damit hänseln, dann ist es deren Problem. Lass dich durch Aussagen von anderen Menschen oder durch Zeitungen und Fernsehen nicht irritieren und beeinflussen. (Wisse einfach, den Frauen sind zum Beispiel ihre Sommersprossen durch eine Bildbearbeitung am Computer einfach weggemacht worden. Im Alltag haben sie aber doch welche!) Wann immer du die Möglichkeit hast, schau dir deinen nackten Körper vor einem Spiegel an und fühle dich einfach total schön.

Lerne immer mehr, dich selbst anzunehmen, so, wie du bist. Sei stolz auf deinen Körper.

19. August

Über das Rauchen

In der Werbung waren früher einmal supercoole, topmodisch gekleidete Typen mit einer Zigarette in der Hand abgebildet. Sie sollten absolut männlich wirken und das Gefühl von Freiheit zum Ausdruck bringen. Es sind scheinbar besondere Männer.

Waren sie wirklich so besonders mit einer Zigarette in der Hand? Was ist so anziehend an einer Zigarette? Zigaretten gefährden die Gesundheit und bei reichhaltigem Genuss können sie dich todkrank machen. Die Männer aus der Werbung fühlen sich cool – und mit jedem neuen Zug an der Zigarette verkleben sie ihre Atemwege ein wenig mehr mit Tabakteer.

Ist dieses Bild der Männlichkeit, der Coolness und Freiheit nicht nur wie ein kleines Theaterstück, das auf einer Bühne gespielt wird?

Denk mal darüber nach – warum soll eine Zigarette in der Hand so super männlich oder cool sein? Macht eine Zigarette in der Hand ein Kind oder einen Jugendlichen etwa zum Erwachsenen? Denke mal darüber nach, wie albern das eigentlich ist. Dennoch meinen viele Jungs und Mädchen, mit einer Kippe in der Hand seien sie ganz cool und schon so erwachsen. Aber wie dumm sind sie doch in Wirklichkeit!

Lass deine wirkliche Stärke sich von innen entwickeln und wachsen, dann brauchst du keine Zigaretten, um dich besonders männlich/ weiblich, interessant, toll und sehr erwachsen zu präsentieren.

20. August

Wunschbox

Sicherlich hast du manchmal ein paar Wünsche. Oder? Stelle dir deine Wünsche immer wieder vor, male sie dir in Gedanken aus. Wenn es für dich wichtig ist, wird dein Wunsch auch in Erfüllung gehen. Da du aber bestimmt viele Wünsche auf einmal hast, ist es wichtig, dass du dich entscheidest, welche Wünsche sich wirklich erfüllen sollen. Wünsche dir keinen Unsinn, damit du nachher nicht erschrocken bist, wenn dieser Wunsch in Erfüllung gegangen ist…

Diese Entscheidung kann dir leichter fallen, wenn du dir deine Wünsche aufschreibst.

Für diese besonderen Vorhaben kannst du dir einen kleinen, ganz besonders hübschen Kasten bauen. Du kannst ihn liebevoll bemalen oder mit schönen Dingen bekleben. Es soll deine *Wunschbox* werden, in der immer dein *wichtigster* Wunsch liegen soll. Wann immer du an deiner Wunschbox vorbeigehst oder jeden Morgen nach dem Aufstehen oder abends beim Zubettgehen, kannst du noch einmal zu deiner Wunschbox gehen, um dir in Gedanken deinen Wunsch wieder so richtig vorzustellen.

Lege deine Wünsche in deine Wunschbox und lass dich überraschen.

21. August

Lass dich nicht beirren

Es gibt in deinem Leben bestimmt viele Dinge, die dir unheimlich Spaß machen, dir gut tun oder gut schmecken.

Du isst vielleicht gerne Spinat. Ein Mitschüler von dir lacht dich aus, zieht Grimassen und findet es zum Beispiel eklig, Spinat zu essen.
Lass dich nicht beirren, iss nur das, was dir wirklich schmeckt.

Du lässt dir vielleicht gerne von deiner Mutter oder deinem Vater abends die Füße massieren. Ein Mitschüler von dir lacht dich aus und findet es albern.
Lass dich nicht beirren, genieße das, was dir wirklich guttut.

Du gehst gerne in die Schule. Es bringt dir Spaß, viele Dinge zu lernen. Ein Mitschüler von dir lacht dich aus und sagt, es sei unheimlich doof, *gerne* in die Schule zu gehen.
Lass dich nicht beirren, alles, was dir Spaß bringt, ist wichtig für dich.

Bei allen Dingen, die du wirklich gerne machst, gern isst oder was dir gut tut – lass dich niemals durch Freunde, Mitschüler oder andere Menschen beeinflussen. Egal, ob sie dich veralbern, auslachen, hänseln oder sonstige Witze über dich machen:

Lass dich niemals beirren, mache oder iss alles, was dir gut tut und was du magst.

22. August

Streiche

Streiche oder Späße sind immer total lustig. Sie sind aber immer nur dann wirklich lustig, wenn

- es wirklich zum Lachen ist,
- niemand dabei körperliche oder finanzielle Schäden erleidet,
- keine Gegenstände mutwillig zerstört werden.

Wenn durch „scheinbare" lustige Streiche andere Menschen Angst bekommen oder sich schlecht fühlen, wenn Menschen dabei verletzt oder gefährdet werden oder sogar etwas zerstört wird und für die Instandsetzung/Reparatur oder Neuanschaffung Geld ausgeben müssen, wenn Gegenstände oder Eigentum von anderen Menschen beschädigt oder mutwillig zerstört werden,

dann sind es *üble Streiche*.

Üble Streiche sind nicht zum Lachen und nicht zu entschuldigen. Nur Dummköpfe lassen sich zu solchen üblen Streichen verleiten.

Überlege genau: Sind es üble Streiche oder wirkliche Streiche, zum Lachen?

23. August

Schwere Last

Wenn dein Schulranzen mit allen möglichen Dingen vollgestopft ist, dann wird er irgendwann so schwer, dass es deinen Schultern Schmerzen bereitet, die Last zu tragen. Wenn du die schwere Last nicht mehr tragen kannst, musst du deinen Schulranzen aufräumen und dich entscheiden, was du ausleerst und wegpackst. Einige Dinge brauchst du vielleicht gar nicht.

Genauso wie du deinen Schulranzen aufräumst, musst du auch deinen Kopf (= deine Gedanken) aufräumen.

Schleppst du noch Ärger mit dir herum? War dir etwas ganz peinlich und denkst du noch oft daran? Bist du noch auf jemanden wütend? Denkst du noch oft an vergangene Dinge, die nicht so angenehm waren? All diese Gefühle liegen auf deinen Schultern wie eine unsichtbare, schwere Last. Räume diese Gedanken auf und entscheide dich, sie zu verabschieden. Wenn du diese Gedanken loslässt, dann fühlt sich deine geistige Last genauso leicht an wie dein aufgeräumter und entmüllter Schulranzen.

Schlepp keine unnötige, schwere Last mit dir herum. Räume auf und leere aus!

24. August

Genieße den Augenblick

Genieße diesen Augenblick.
Freue dich jetzt.
Sei glücklich.
Fühle dich gut.
Mache gerade jetzt etwas sehr Schönes.

Genieße diesen Augenblick!

25. August

Dreieck der Gesundheit

Um dich gut und gesund zu fühlen, kannst du dir ein harmonisches Dreieck vorstellen:

Dein *Herz* strahlt voller Liebe.

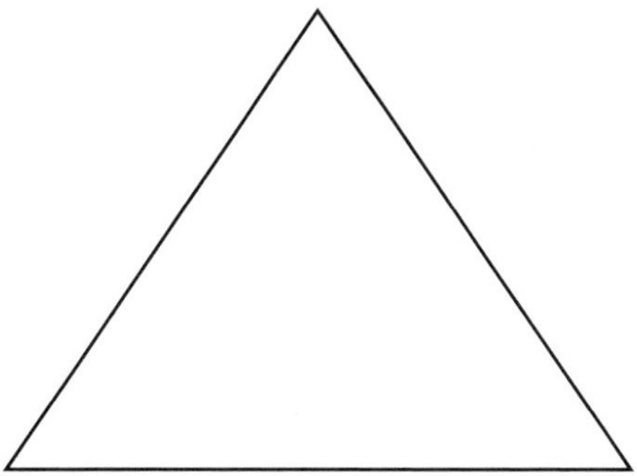

Deine *Gedanken* sind ruhig und friedlich.

Dein *Körper* ist gut bewegt und ganz entspannt.

Versuche dir immer dieses Dreieck vorzustellen.

Wenn von jedem Eckpunkt gleich viel in dir ist, dann hast du das Dreieck der Gesundheit in dir.

Dir wird es gut gehen, mit Schwierigkeiten kannst du leichter umgehen und leichter eine Lösung finden.

Denke an das Dreieck der Gesundheit.

26. August

Die Welt der Sinne

Egal, was du machst, versuche es immer möglichst mit all deinen fünf Sinnen zu tun oder zu erleben.

Zu deinen fünf Sinnen gehören:

das Sehen, das Hören, das Riechen, das Schmecken, das Fühlen.

Wenn du draußen in der Natur bist, dann

- schau mit deinen Augen bewusst und sieh und entdecke,
- nimm mit deinen Ohren alle Geräusche um dich herum wahr,
- inhaliere den Geruch der Natur, wie es gerade riecht,
- berühre mit deinen Fingern und erfühle Dinge aus der Natur,
- schmecke und probiere reife, essbare Früchte und Gemüse.

Es kann ein richtiges Abenteuer sein und viel Spaß machen, die Welt mit möglichst vielen Sinnen zu erleben.

Genieße die Welt der Sinne.

27. August

Lass dich verwöhnen

Hast du dir von deiner Mutter oder deinem Vater schon einmal eine Massage geben lassen? Massagen sind sehr entspannend und einfach schön. Am Anfang kann es manchmal sehr ungewohnt sein, aber wenn die erste Hemmschwelle vorüber ist, dann wirst du schnell spüren, wie schön Massagen sind.

Du kannst dir einfach mal zwischendurch den Rücken und die Schultern massieren lassen.
Du kannst dir auch einfach mal den Kopf (wie beim Haarewaschen) massieren lassen.
Du kannst dir vor dem Einschlafen deine Füße massieren lassen.
Du kannst dir nach dem Bad in der Badewanne auch deinen ganzen Körper mit Creme massieren lassen.

Lass dich von deinen Eltern massieren. Lass dich verwöhnen und genieße es.

28. August

Pure Lebensfreude

Stell dir vor, du bist mit dem Fahrrad auf dem Nachhauseweg und wirst ganz plötzlich von einem Regenschauer überrascht. Der Regen ist so heftig, dass in Minuten deine Kleidung durchnässt ist....

Was machst du? Beginnst du dich zu ärgern und zu schimpfen? Oder entdeckst du deine wirkliche Lebensfreude und fährst lachend durch den Regen nach Hause? Es bringt Spaß, im Regen zu fahren und sich mal so richtig nassregnen zu lassen. Es wirkt wie eine Reinigungsdusche. Natürlich musst du anschließend gut für dich sorgen und dir warme und trockene Kleidung anziehen.

Probier es aus und genieße in allen Lebenslagen mit Humor deine wirkliche Lebensfreude.

29. August

Gib deine Unterstützung

In deiner Schulklasse oder deinem Freundeskreis gibt es bestimmt Kinder, die vielleicht etwas schüchtern oder ängstlich sind. Manche Kinder tragen eine Brille oder ein Hörgerät, andere haben vielleicht eine Narbe im Gesicht oder am Körper.

Diese Kinder werden sehr oft von anderen Kindern auf ganz gemeine Art und Weise geärgert und gehänselt. Sie fühlen sich noch schwächer und einsamer, und außerdem tut es ihnen seelisch sehr weh. Wenn du jemals so eine Situation erlebst, dann stell dich niemals auf die Seite der Kinder, die andere Kinder ärgern oder hänseln. Im Gegenteil, stell dich auf die Seite der schwächeren Kinder und biete ihnen deine Unterstützung an. Dulde es nicht, über Brillen, Narben, Hörgeräte oder andere Dinge zu lachen. Jedes Kind ist auf eine ganz besondere Art und Weise von Gott geschaffen.

Schüchtern? Ängstlich? Brille? Hörgerät? Narbe? Na und! Gib schwächeren Kindern immer deine Unterstützung.

30. August

Mach einen Bogen um unbekannte Pflanzen

Viele Bäume, Sträucher und Büsche tragen reife Früchte. Einige dieser Früchte sehen so lecker und verlockend aus, dass man sie am liebsten verschlingen möchte. Aber vorsichtig! Viele rote oder orange Früchte sind für Menschen nicht genießbar. Sei also achtsam und iss nur Früchte oder Beeren, die du auch wirklich zu 100 % kennst. Iss keine unbekannten Dinge aus Übermut oder als Mutprobe.

Mach einen Bogen um unbekannte Früchte und iss nur das, was du auch wirklich kennst.

31. August

Dein Körper gehört DIR

Dein Körper gehört nur dir allein. Du allein hast das Recht zu bestimmen, wer dir ganz nah sein darf und wer dich berühren darf. Es gibt schöne Berührungen, wie Kuscheln, Schmusen und Massiertwerden. Genieße diese Berührungen, wenn du es wirklich möchtest und du die Person magst und ihr vertraust.

Wenn du bestimmte Berührungen nicht magst oder nicht möchtest, dann sage es ganz klar und unmissverständlich.

Erlaube kein Gefummel an deinen Haaren, wenn es für dich unangenehm ist.

Erlaube kein Gekitzel oder keine Berührung, wenn es sich für dich nicht gut anfühlt.

Erlaube kein Gerangel, Geschubse, wenn du es nicht magst.

Dein Körper gehört dir.

Erlaube niemandem, dich zu berühren, wenn du dafür Geschenke, Geld oder eine Belohnung bekommst.

Dein Körper gehört dir.

Lass dich nur berühren, wann und von dem du es wirklich möchtest.

Dein Körper gehört nur DIR!

1. September

Bedenkzeit

Entscheidungen zu treffen ist manchmal sehr schwierig.

Was ist richtig? Was soll ich nur machen?

Wie schwer es ist, ist dir bestimmt bekannt. In manchen Situationen ist es so, als ob dir dein Gefühl gleich eine Antwort gibt.

Bei schwierigen und wichtigen Entscheidungen ist es immer ratsam, dass du dir eine Bedenkzeit nimmst. Dann hast du Zeit, dir in absoluter Ruhe Gedanken darüber zu machen. Wenn du ein wenig Bedenkzeit hast, siehst du die Sache vielleicht schon ein wenig anders. Wenn du Zeit zum Abwägen und Nachdenken hast, bist du in deiner Entscheidung auch neutraler und kannst mit mehr Klarheit entscheiden, als wenn alles auf dich herunterstürzt und du sehr in deinen Gefühlen gefangen bist.

Eine gute Hilfe ist es, dir einen Zettel zur Hand zu nehmen und zwei Spalten einzuzeichnen. Auf der einen Seite schreibst du das FÜR: alles, was positiv für deine Entscheidung spricht. Auf der anderen Seite das WIDER: alles, was dagegen spricht, also was ungünstig ist.

Bitte eventuell auch noch deine Eltern, das Für und Wider zu ergänzen, und schau dann, was dabei herauskommt.

Nimm dir für jede schwierige und wichtige Entscheidung eine Bedenkzeit, um mit deiner nötigen Klarheit eine Entscheidung zu treffen.

2. September

Ein Fundament

Jedes neugebaute Haus benötigt für die Stabilität ein Fundament. Vier Eckpfeiler geben dem Fundament die nötige Festigkeit. Darauf kann jede Hütte oder jedes Schloss gebaut werden.

So ist es auch in deinem Leben. Auch du brauchst ein Fundament mit stabilen Pfeilern, um dein Ziel im Leben zu erreichen.

All die Dinge, die du machst oder erreichen möchtest, mache es mit vier Eckpfeilern:

Konzentration: Sei dir ganz bewusst, was und wie du es machen möchtest.

Verantwortung: Sei dir im Klaren, dass das, was du tust, auch einen Sinn hat, und sei dir über dein Vorhaben und die eventuellen Folgen im Klaren. Das heißt: Was passiert, wenn du etwas machst?

Liebe: Bei allem, was du machst oder planst, sei mit deinem Herzen dabei und mache es mit deiner Liebe. Mache niemals etwas „halbherzig", widerwillig, weil du etwas erledigen musst.

Sorgfalt: Alles, was du machst, mache mit der nötigen Konzentration, Verantwortung, Liebe und auch mit Sorgfalt. Sei ganz genau.

Mit diesen vier Pfeilern hast du ein gutes Fundament und kannst all deine Ziele erreichen.

3. September

Spaziergang

Na, wie ist heute das Wetter? Bist du heute schon spazieren gegangen, oder planst du noch einen Gang ein?

Schlechtes Wetter gibt es nicht, es gibt nur unpassende Kleidung. Darum ziehe dich entsprechend an und gehe auf jeden Fall noch nach draußen. Vielleicht kannst du deine Mutter oder deinen Vater ja sogar zu einem gemeinsamen Spaziergang überreden. Gehen hat eine positive Auswirkung auf den Körper, dein Kreislauf kommt in Schwung und es macht auch deinen Kopf frei von irgendwelchen belastenden Gedanken. Wenn du so reichlich Sauerstoff „getankt" hast, wirst du dich rundherum wieder wohliger fühlen und vielleicht ist sogar deine Laune viel besser geworden.

Also nichts wie raus und mach einen Spaziergang!

4. September

Bewusstes Wünschen

Gedanken können sehr machtvoll sein. Gedanken haben eine besondere Kraft, allein mit Gedanken kannst du etwas (in dir und der Umwelt) verändern. Vielleicht hast du es bei dir auch schon einmal mit positiven Gedanken festgestellt.

Mache dir die Kraft der Gedanken auch bitte ganz bewusst klar. Dann wird es für dich auch verständlich sein, dass du deine Wünsche ganz bewusst überdenkst. Wünsche dir in deinen Gedanken bitte nur das, was du wirklich ernst meinst und dir auch überlegt hast.

Stell dir vor, du wünschst dir aus einer Laune heraus etwas, was du morgen gar nicht mehr toll findest, und dieser Wunsch geht trotzdem in Erfüllung. Dann wärst du sehr unglücklich.

Mache dir deine Wünsche bewusst und sende dann auch deinen Wunsch in Gedanken wirklich als „Bestellung" los.

5. September

Laserlichtstrahl

Wenn du etwas ganz Bestimmtes erreichen oder machen möchtest, dann mach dir dein Ziel ganz bewusst klar.

Schreibe das Ziel auf einen Zettel und hefte ihn an einen gut sichtbaren Ort in deinem Zimmer.

Wann immer du an diesem Zettel vorbeikommst, richte deine Gedanken auf dein Ziel. Deine Gedanken sollen deinen Zettel so treffen, wie der Strahl einer Taschenlampe oder eines Lasers auf den Zettel treffen würde.

Der Laserlichtstrahl ist punktgenau und das Licht ist ganz gebündelt. Das Licht scheint ganz genau auf dein Ziel.

Wenn du dir vorstellst, deine Gedanken genauso punktgenau auszurichten, dann kannst du ganz gezielt deine Vorhaben oder Ziele verfolgen.

Bündle deine Gedanken und verfolge dein Ziel.

Richte deine Gedanken immer auf *dein Ziel* aus, wie ein Laserlichtstrahl.

6. September

Frische Luft

Auch wenn der Sommer sich dem Ende zuneigt und das Wetter nicht mehr ganz so schön ist wie im heißen August, geh trotzdem regelmäßig nach draußen an die frische Luft. Dein Körper ist in der Entwicklung und wächst. Für eine gesunde Entwicklung braucht dein Körper viel Bewegung und frische Luft. Bewegung ist gut für deine Muskulatur und regt die Entgiftung in deinem Körper an. Sauerstoff brauchst du zum Leben. Frische Luft versorgt dein Blut mit Sauerstoff, dein Kopf wird klar. Bewegung und frische Luft entspannen dich und geben dir neue Energie zum Leben. Ohne genügend Lebensenergie wirst du im Kopf schlaff und dumpf.

Also egal, wie auch das Wetter ist, geh nach draußen und bewege dich viel in der frischen Luft. Fühle dich gut.

7. September

Opferrolle

Bei allen Ereignissen, die nicht so positiv für dich sind, kannst du rumjammern und dich als schlecht behandeltes Menschenkind fühlen. Du fühlst dich vielleicht dann auch so. Es fühlt sich so an, als ob alle anderen Menschen gegen dich sind. Du kannst dich dann bedauern und bemitleiden: „Ich armes Kind...."

Diese Sichtweise ist aber die Position einer *Opferrolle*, in die du dich selber hineingesteckt hast. Du machst dich ja selber schlecht und fühlst dich vielleicht auch wirklich schlecht dabei.

Nimm einfach jedes Ereignis als neue Lernaufgabe an, dann hast du keinen Grund, zu jammern und dich schlecht zu fühlen. Lass deine Gefühle heraus, das ist besonders wichtig: Weine oder sei traurig. Aber einfach nur rumjammern hilft niemandem. Versuche aus dieser Situation zu lernen.

Gib nicht auf, denn gerade jetzt presche mit neuer Energie nach vorne und steuere neue Ziele an.

Fühle dich nicht als Opfer, steuere neue Ziele an.

8. September

Fixiert sein oder loslassen

Wenn du dir eine Sache in den Kopf gesetzt hast und es unbedingt erreichen willst, kannst du manchmal das Gefühl bekommen, du würdest ständig gegen verschlossene Türen rennen. Alles, was du anpackst, scheitert und geht schief.

Auch wenn du das Gefühl hast, dass es für dich das Wichtigste auf der Welt ist, kann es aber sein, dass du das Wichtigste gar nicht sehen kannst, weil du all deine Energie zerstreut hast. Vielleicht wartet etwas viel Tolleres auf dich, wenn dein Unternehmen scheitert.

Wünsche dir einmal am Tag, dass für dich immer das Allerbeste kommen möge.

Verbeiße oder fixiere dich nicht in oder auf eine Sache, lerne loszulassen. Hänge nicht ausschließlich an einer Sache.

Lerne loszulassen, es kommt sowieso immer das Allerbeste für dich.

9. September

Wunscheigenschaften stärken

Überlege dir deine Wunscheigenschaften. Wunscheigenschaften sind Eigenschaften, die bei dir noch nicht ganz so gut entwickelt sind, wie zum Beispiel: hilfsbereiter, ordentlicher, fleißiger, höflicher, ehrlicher zu sein.

Wie würdest du gerne sein bzw. was würdest du an dir noch besser entwickeln wollen?

....

Denke ganz genau über deine Wunscheigenschaften nach und überlege dir, wie es sich für dich anfühlen würde, wenn es schon so wäre.

Du kannst dich aber auch selber motivieren, damit die Entwicklung deiner Wunscheigenschaft auch gut klappt. Dies kannst du mit einer besonderen Botschaft machen, der Kraft deiner Tagesbotschaft.

Ein Beispiel: Du möchtest liebevoller sein... – dann sage dir jeden Morgen beim Zähneputzen: „Ich bin ein liebevoller Junge / oder ein liebevolles Mädchen." (Das ist deine Botschaft.)

Bring alles, was du sein möchtest, zum Ausdruck, fasse es in Worte und schreibe es auf.

All deine Wunscheigenschaften werden in dir einen Platz finden, wenn du es dir bewusst gemacht hast und auch wirklich willst.

Alles Unerwünschte wird nach und nach verkümmern und sich in deine positiven Wunscheigenschaften verwandeln.

Stärke deine Wunscheigenschaften!

10. September

Goldenes Herz

Stell dir dein Herz als ein strahlend goldenes Herz voller Licht vor.

Wenn du versuchst, dir dieses strahlende, goldene Herz immer vorzustellen, dann wirst du auch schöne Gefühle und viel Liebe und Wärme in deinem Herzen spüren. Alles, was sich angenehm und schön anfühlt, das sind Gefühle der Liebe.

Teile dieses goldene Licht und deine Liebe mit allen Lebewesen dieser Erde.

Mit deiner Wärme und Liebe im Herzen kannst du ganz viel Positives bewirken, es ist ein Beitrag für ein liebevolles und friedvolles Leben auf der Erde.

Jeder Mensch hat so ein strahlend goldenes Herz, wenn er auf die Welt kommt. Nur lassen manche Menschen dieses Licht einfach verkümmern – und dann erlischt es.

Sorge für dein strahlendes Herz, gefüllt voll Liebe.

Lass deine Wärme und Liebe einfach in die Welt fließen und habe stets ein strahlendes, goldenes Licht in deinem Herzen.

Lass dein Herz immer in einem goldenen Licht erstrahlen.

11. September

Fließender Fluss

Hast du schon einmal einen Fluss beobachtet?

Ein Fluss, der fließt und fließt und bleibt niemals stehen.

So soll auch der Fluss deines Lebens, der Lebensfluss sein. Auch dein Lebensfluss soll gut fließen.

Alles fließt und es geht immer weiter. Es kann einmal geschehen, dass sich der Fluss staut und das Wasser nicht mehr so gut fließen kann. Auch im Leben hat man manchmal das Gefühl, es würde alles nicht mehr so gut laufen. Dann ist es wichtig, den Stau zu beseitigen, damit wieder alles gut in Fluss ist. Wenn das Wasser gut fließen kann, wird auch alles gut gereinigt.
Fließendes Wasser kann gar nicht abgestanden sein und faul werden.

Dein Lebensfluss kann ebenfalls deine Gefühle reinigen. Wenn du dir vorstellst, wie das Wasser im fließenden Fluss für Klarheit sorgt, kann das Wasser auch deine Gefühle wieder reinigen und dir innere „Klarheit" bringen. Bei Unwohlsein, Stress oder Streit trinke einfach ein bis zwei Gläser Wasser ohne Kohlensäure und entspanne einen Moment. Dein Lebensfluss kann wieder weiterfließen. Dein innerer *Stau*, der durch Streit, Stress oder große Anspannung verursacht wurde, darf sich wieder auflösen.

Du darfst dir auch jederzeit vorstellen, wie ein Fluss durch deinen Körper fließt und dich innerlich reinigt. Sehr hilfreich ist es auch, sich beim Duschen vorzustellen, wie das Wasser dich äußerlich und innerlich reinigt.

Sei immer im (Lebens-) Fluss.

12. September

Friedvoller Krieger

Manche Kinder und Erwachsene regen sich sehr schnell auf und werden dann wütend oder schlagen sogar um sich.

Du könntest dir vorstellen, wie ein Krieger mit einem Schwert in der Hand loszurennen und wild um dich herumzuschlagen.

Was bringt es dir? Möchtest du ein Mensch voll blinder Zerstörungswut und Aggression sein?

Du kannst dir aber auch vorstellen, wie sich dein Schwert in einen Zauberstab oder Stab der Weisheit verwandeln kann. Du kannst dann das Schwert (= deine Kraft) und deine Weisheit (= deine Worte) benutzen. Mit überlegten Worten und dem Gefühl deiner inneren Stärke bist du viel stärker als jeder Mensch, der einfach nur drauflos haut.

Die asiatischen Mönche sind wahre Meister in der Kampfkunst, dennoch setzen sie in erster Linie immer erst ihre Worte und ihre Weisheit ein – sie würden niemals einfach drauflos schlagen.

Setze zuerst immer deine Worte ein. Nur im absoluten Notfall wende deine körperliche Kraft an und verteidige dich.

Du kannst deinen Stab der Weisheit zu deinem Lebensbegleiter machen, dann darfst du dich *friedvoller Krieger* nennen und stolz auf dich sein.

Sei ein *friedvoller Krieger!*

13. September

Liegende Acht

Wenn du dich mal ganz unkonzentriert und zu schlapp fühlst, um deine Hausaufgaben zu erledigen, dann mache Folgendes:

Nimm ein leeres Blatt Papier, einen dicken Buntstift oder Wachsmaler und beginne dann „Rennbahn" zu spielen.

Die „Pole-Position" ist ein Punkt in der Mitte des Blattes.
Dein Stift ist der Rennwagen.
Bei „Start" geht es los – dein Stift malt beginnend nach links oben eine liegende Acht.

Male immer wieder neue liegende Achten aufeinander, so als würde ein Rennwagen immer wieder um die Bahn herumflitzen.

Die liegende Acht bringt deine Gedanken wieder zum Fließen, harmonisiert deine Gehirnhälften und du wirst dich so besser konzentrieren können.

Fühlst du dich unkonzentriert, denke an den Rennwagen und fahre liegende Achten.

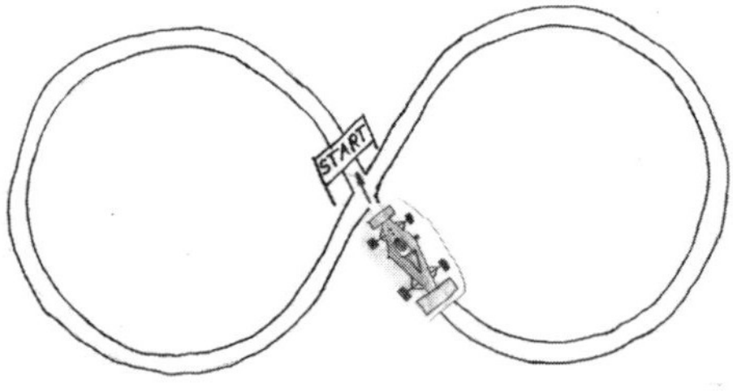

Skizze von Ricardo Pilguj

14. September

Verrückt spielen

Wenn du einmal das Bedürfnis hast, mit deinen Freunden so richtig *verrückt* zu spielen und einfach nur Quatsch zu machen, Fratzen zu schneiden oder einfach nur Müll zu reden und dabei herumzuhopsen, dann mach es auch.

Andere finden euch in diesem Moment vielleicht etwas verrückt und blöd, aber wenn dir danach ist, mach es.

Beachte aber dabei immer die Regeln: Verletze keine anderen Menschen und tue niemandem weh. Bei allem, was ihr gerade tun möchtet, schadet dabei keinen anderen Menschen, macht nichts kaputt und geht sorgsam mit Mutter Erde um.

Nach ein paar Minuten wirst du dich total gut fühlen und brauchst gar nicht mehr weiter *verrückt zu spielen.*

Spiele verrückt, aber kenne die Grenzen!

15. September

Sonnenuntergang

Jeden Abend ist es ein besonderes Naturschauspiel, den Sonnenuntergang zu beobachten. Die Sonne „verschwindet" am Horizont und draußen wird es dunkel.

Diesem Geschehen kannst du auch in deinem Leben eine besondere Stellung geben. Denn mit der untergehenden Sonne kannst du auch deine Sorgen ziehen lassen.

Lass deine abendlichen Sorgen einfach in Gedanken untergehen wie die Sonne am Horizont, die einfach verschwindet. Lass deine Sorgen los und lass sie weiterziehen. Dein Kopf ist wieder frei für neue, schöne Gedanken.

Mit der untergehenden Sonne lass all deine Sorgen los.

Egal, was auf der Welt los ist, die Sonne wird am nächsten Morgen trotzdem wieder aufgehen. Die Sonne ist durch nichts aufzuhalten, sie erscheint uns mit ihrer neuen Energie am nächsten Morgen.

Lass am Abend alles los und mach dich am nächsten Morgen frei für schöne, positive Gedanken.

16. September

Qualität des Essens

Du weißt, wie wichtig gesundes Essen für dich ist. Iss möglichst immer viel frisches Obst und Gemüse. Bei einer gesunden Ernährung beachte bitte: Versuche so selten wie möglich Nahrungsmittel oder Getränke aus Dosen zu dir zu nehmen. Es ist nicht gut für deinen Körper und kann dazu beitragen, dass du anfälliger für Krankheiten wirst.

Fertiggerichte oder Fast Food sind nicht gut für deinen Körper, aber wenn du nur ab und zu mal eine Pizza oder einen Hamburger isst, dann wird es dir nicht schaden. Mache aber Fast Food niemals zu deinem täglichen Hauptessen. Wenn alles in Maßen bleibt, dann ist es auch in Ordnung.

Sorge für dich und achte auf die Qualität deines Essens!

17. September

Heiligen Platz schaffen

Für deine tägliche Entspannung oder Meditation ist es wichtig, sich einen besonderen Platz zu schaffen. Du kannst diesen Platz deinen *heiligen Platz* nennen. Er ist dir heilig, weil es dein besonderer Platz ist.

Dies muss gar kein großer Raum oder etwas Besonderes sein. Du kannst in eine ausgewählte Ecke in deinem Zimmer eine besonders schöne Decke oder ein Kissen legen und auf ein Tuch vielleicht ein paar schöne Steine oder persönliche Dinge, die dir wichtig sind.

Dann hast du deinen besonderen *heiligen Platz* und kannst dort deine Körperübungen, deine Entspannung oder deine Meditation machen. Vielleicht kannst du so einen *heiligen Raum* auch gemeinsam mit deinen Eltern gestalten. Dann habt ihr etwas Gemeinsames und könnt auch mal zusammen entspannen oder bestimmte Dinge besprechen. Überleg mal.

Schaffe dir deinen *heiligen Platz!*

18. September

Du bist wichtig

Hast du dir dies heute schon bewusst gemacht?

Du bist wichtig.

Du bist besonders.

Du bist einzigartig.

Du bist toll.

Du bist schön.

Du bist liebenswert.

Du bist liebevoll.

Ergänze, was dir alles einfällt.

Ich bin ....

Ich bin ....

Ich bin ....

19. September

Kurs ändern

Wenn ein kleines Segelboot in einen starken Sturm gerät, dann muss der Kapitän bereit sein, jederzeit den Kurs zu ändern. Ändert er den Kurs nicht und segelt stur weiter, dann droht die Gefahr, dass das Boot im Sturm untergehen wird. Der Kapitän muss offen für Kursänderungen sein, um sich den jeweiligen Wetterverhältnissen anzupassen.

Sei du in deinem Leben auch jederzeit offen für Änderungen. Sei nicht stur und halte nicht auf Biegen und Brechen an deiner Meinung fest. Sei bereit, auch einmal von deinem Kurs abzuweichen, wenn sich eine spannungsgeladene oder heikle Situation oder sogar eine Gefahr ankündigt. Jeder Kapitän macht es so! Warum sollte der Kapitän den harten Kurs beibehalten und den Untergang seines Schiffes riskieren? Du möchtest dir doch nicht selber schaden, nur weil du stur bleibst und nicht von deiner Meinung abweichen möchtest!

Ändere im Leben deinen Kurs, wenn es erforderlich ist, und mache vielleicht einen Umweg. Auf diesem Umweg wirst du viele tolle neue Dinge entdecken, die dein Leben sehr bereichern und interessant machen werden.

Sei jederzeit bereit, deinen Kurs zu ändern und Neues in dein Leben zu lassen.

20. September

Umpolung: Gleichstrom/Wechselstrom

So, wie es in der Technik möglich ist, nur durch einen Schalter den Strom von Gleichstrom in Wechselstrom zu verändern, finde auch einen Schalter in dir. Diesen Schalter kannst du durch deine bewusste Gedankenkraft verstellen.

Stellst du in Gedanken deinen inneren Schalter um, dann kannst du deine negativen Gedanken einfach in positive Gedanken umpolen. Es gibt immer Momente, wo man sich ertappt, wenn man ganz unsinnige und negative Gedanken hat.

Es ist so einfach!

Du musst nur vertrauen, dass es immer funktioniert, wenn du es wirklich willst. Du brauchst als Schalter nur allein die Kraft der Gedanken.

Wann immer du schlechte, unangenehme Gedanken wahrnimmst, stell dir deinen inneren Schalter vor, denke einfach an *klick* fürs Schalterumstellen und pole somit deine negativen Gedanken in positive Gedanken um.

In Gedanken stelle diesen Schalter auf *positive Gedanken* und versuche ab sofort positiv zu denken.

Pole deine negativen Gedanken in positive Gedanken um.

21. September

Magischer Regenbogen

Einen Regenbogen zu sehen ist etwas Besonderes. Der Regenbogen mit all seinen schillernden Farben wird als „magische Brücke" zwischen Himmel und Erde bezeichnet. Mit der Kraft dieser besonderen, leuchtenden Farben kann alles in Harmonie miteinander verbunden werden.

Auch du kannst diese besondere Kraft für dich nutzen. Wann immer du zu einem Menschen eine starke Spannung spürst und dich unwohl fühlst, stell dir in Gedanken vor, dass aus deinem Herzen ein Regenbogen entspringt.

Das Licht des Regenbogens sendest du dann mit liebevollen Gedanken zu dem anderen Menschen. Sehr schnell wird sich die Spannung zwischen euch auflösen.

Probiere es aus: Bei starken Spannungen und Unwohlsein mit einem anderen Menschen lass das Licht des Regenbogens aus deinem Herzen leuchten.

Nutze die Kraft des Regenbogenlichts!

22. September

Die Wolken am Himmel

Die Wolken am Himmel sind nur Wolken am Himmel.
Sie kommen und gehen,
sie bleiben nicht stehen.
Blauer Himmel, du bist immer da, du bist immer nah.... *

Genau so wie die Wolken am Himmel erscheinen auch deine Sorgen, deine Traurigkeit, deine Ängste plötzlich in deinem Leben.... Alles kommt und alles geht auch wieder.

Lass es auch zu, dass deine Sorgen, deine Traurigkeit und deine Ängste wieder weiterziehen können, so, wie die Wolken am Himmel.

Dann kann der blaue Himmel (deine Lebensfreude) auch wieder zum Vorschein kommen. Du kannst wieder strahlen, wenn deine Sorgen, deine Traurigkeit und deine Ängste weitergezogen sind.

Sieh dir deine „Sorgenwolken" immer an, wenn sie vor dir stehen.

Lass dann alle Sorgenwolken einfach weiterziehen wie die Wolken am Himmel.

* Text „Wolken am Himmel" von Gila Antara

23. September

Was willst du?

Du bist bockig, weil du deinen Willen nicht bekommen hast.
Was willst du?
Willst du Zuwendung?

Du bist immer der/die Lauteste.
Was willst du?
Willst du mehr Beachtung?

Du bist ganz unausstehlich.
Was willst du?
Willst du von deinen Eltern einfach nur in den Arm genommen werden?

Was willst du *wirklich*?

Versuche es zu erforschen und sage es doch einfach. Manchmal benimmt man sich einfach komisch – und dahinter steckt ein ganz anderer Wunsch.

Ich will ....

Ich will ....

Ich will ....

24. September

Tag des Verzeihens

Der heutige Tag soll ein besonderer Tag für dich sein. Es ist der Tag des Verzeihens.

Gibt es einen oder mehrere Menschen, denen du noch immer böse bist oder mit denen du gar nicht mehr redest? Entscheide heute für dich, dass du diesen Menschen verzeihen möchtest. Du kannst es ja in Gedanken tun.

Stell dir vor, wie du den Menschen verzeihst und ihr keine Unstimmigkeiten mehr habt. Verzeihe und merke, dass du dich dadurch auch ein wenig besser fühlst. Verzeihen heißt, nicht dass du es gutheißt, was die andere Person gemacht hat. Verzeihen meint einfach, nicht mehr ärgerlich oder wütend zu sein.

Du kannst es auch in Wirklichkeit tun, es gehört aber schon ein wenig Mut dazu. Wie wäre es heute, wenn du dem Menschen, mit dem du gar nicht mehr redest, einfach einmal „hallo" zu sagen?

Probier es aus und schau, wie gut du dich dann fühlst.

Heute ist der Tag des Verzeihens. Verzeihe heute, so gut es geht.

25. September

Lüge nicht, sei ehrlich

In allem, was du tust oder sagst, sei immer offen und ehrlich. Wenn zum Beispiel dein Freund oder deine Freundin sich ihr Zimmer neu eingerichtet haben und du es total doof findest, dann finde eine Möglichkeit, es zu umschreiben, dass es dir persönlich vorher besser gefallen hat oder dass dein Geschmack ein anderer ist.

Sage jetzt nicht: „Wow, so ein tolles Zimmer habe ich noch nie gesehen, ich würde auch gerne so wohnen ...." In Wirklichkeit denkst du aber: „Oh, wie ätzend, so würde ich mich niemals einrichten!" Das wäre absolute Heuchelei und nicht ehrlich.

Du würdest es nur sagen, um deinem Freund oder deiner Freundin zu gefallen.

Sei höflich, aber ehrlich.

26. September

Helfen lassen

Wann immer du Hilfe brauchst, nimm sie an. Wenn du etwas nicht alleine schaffen kannst, dann bitte um Unterstützung.

Lass dir helfen, wenn du etwas nicht alleine machen kannst.

Lass dir auch helfen und dich trösten, wenn du dir wehgetan hast. Spiele nicht den Coolen / die Coole und beiß nicht die Zähne zusammen. Nein, lass dich trösten, zeige deine Verletzung und lass auch deine Wunde betreuen. Vielleicht benötigst du etwas zum Desinfizieren, eine Heilcreme, ein Pflaster oder einfach nur Trost und eine energiegeladene Hand, die dir helfen kann, den Schmerz zu verringern.

Was immer dir angeboten wird, nimm die Hilfe an. Wenn keine Hilfe da ist, dann bitte, ohne dich zu schämen, um Hilfe und Zuwendung.

Lass dir helfen!

27. September

Tages-Waagschale

An einem Tag erleben wir manchmal sehr viele Dinge. Einige sind sehr schön und angenehm und manches ist einfach blöd. Gerade dieses Unangenehme überwiegt manchmal, weil es uns komische Gefühle bereitet. All die schönen und angenehmen Dinge geraten dann so in den Hintergrund, und das ist schade.

Darum ist es sehr hilfreich, sich jeden Abend eine Waage mit zwei Wiegearmen und Schalen vorzustellen. Stell dir am Abend deinen ganzen Tag noch einmal im Schnelldurchlauf vor. In die eine Schale packst du gedanklich alles rein, was blöd, doof und unangenehm war, in die andere Schale legst du alles Tolle und Angenehme. Dann schau mal, der Inhalt welcher Schale mehr wiegt.

So hast du dir deinen ganzen Tag noch einmal in Erinnerung gebracht. Du kannst so eine Tagesbilanz ziehen und den Tag am Abend dann ganz erfüllt beenden, mit allem, was geschehen ist, und dich auf den kommenden Tag freuen.

Fülle jeden Abend deine Wiegeschalen und schau mal, was los war.

28. September

Schönes Ziel im Leben

Eines deiner schönsten, erstrebenswertesten Ziele in deinem Leben ist:

die Schönheit und Liebe in allen Lebewesen zu sehen.

Das ist eine der schwersten Aufgaben in deinem Leben und im Leben aller Menschen.

Versuche immer wieder die Schönheit und Liebe in allen Lebewesen zu sehen, dann wird auch dein Leben voller Schönheit und Liebe sein. Du kannst lernen, wirklich alle Lebewesen so zu akzeptieren, wie sie sind, sie zu lieben und ihnen keinen Schaden zuzufügen.

Versuche immer wieder die Schönheit und Liebe respektvoll in allen Lebewesen zu sehen.

Es ist ein schönes Ziel in deinem Leben.

29. September

Erst denken, dann handeln

Mach nie irgendwelchen Blödsinn, ohne vorher deinen Kopf benutzt zu haben.

Was bringt es dir, wenn du mit deinen Freunden oder Freundinnen etwas machst, was man vielleicht von dir erwartet? Du wirst vielleicht übermütig und unkontrolliert, und durch solchen Quatsch kommen dann andere Menschen, Tiere oder Gegenstände zu Schaden.

Könntest du wirklich damit leben, ohne nachgedacht zu haben, zum Beispiel einen Fußball mit voller Wucht in eine Gruppe Kinder zu schießen, und ein Kind würde dabei schwer verletzt werden?

Es gibt immer Dinge, die aus Versehen passieren, die du auch sicherlich nicht wolltest. Aber es gibt Dinge, die sind blödsinnig und die geschehen, weil man nicht nachgedacht hat oder besonders toll sein wollte.

Du hast aber einen Kopf zum Denken!

Du lernst in deinem Leben und hast die Pflicht, dir Gedanken über Ursache und Wirkung zu machen.

Ursache = das, was du machst,

und

Wirkung = das, was damit passiert.

Also deine Botschaft: Erst denken, dann handeln.

30. September

Zuverlässigkeit

Verlässlich zu sein ist etwas sehr Wichtiges. Es ist nicht nur wichtig, dass deine Freunde sich auf dich verlassen können, sondern auch deine Eltern. Wenn du mit deinen Eltern eine Absprache getroffen hast, dann halte dich stets daran und enttäusche sie nicht.

Deine Eltern geben dir genügend Freiraum für eine gesunde Entwicklung. Werden sie aber von dir enttäuscht, werden sie verständlicherweise den Freiraum einschränken. Wenn deine Eltern dir vertrauen, du später nach Hause kommen oder bei Freunden übernachten darfst, und sie dich bitten, dich anständig zu benehmen – dann tu es auch.

Lass deine Eltern wissen, dass sie sich voll und ganz auf dich verlassen können. Wenn eine Abmachung aus irgendeinem Grund nicht eingehalten werden kann, dann versuche deine Eltern sofort zu informieren.

Lass deine Eltern wissen: Sie können sich *immer* auf dich verlassen.

1. Oktober

Schöner Morgen

Dieser Morgen und jeder Morgen können von dir zu etwas ganz Besonderem gemacht werden. Die Entscheidung, wie du den Tag beginnen möchtest, liegt ganz allein an *dir*.

Die ersten Momente am Morgen sind die Weichen für den ganzen Tag, du kannst sie bei dir stellen, genau so, wie sie beim Zugverkehr gestellt werden können.
In welche Richtung die Weichen deiner Lebenseinstellung und Gedanken verlaufen sollen, kannst du bei dir selbst bestimmen.

Wenn du morgens schon schlecht gelaunt aus dem Bett steigst und beim Zähneputzen nur herummeckerst, dann beginnst du gerade damit, deine *Weichen* auf *schlechte Laune* zu stellen.

Beginne den Morgen lieber mit positiven Gedanken und denke an etwas Fröhliches und versuche, gute Laune zu haben (auch wenn du hundemüde bist). Auf jeden Fall stellst du so die *Weichen* gerade auf *gute Laune*.

Warum nicht den Morgen bewusst mit einer Botschaft beginnen:
Guten Morgen .... (dein Name), es ist ein schöner Morgen. Ich bin gesund, glücklich und voller Lebensfreude.

Diese Botschaft kann ab jetzt dein morgendlicher Begleiter sein und dir helfen, die Weichen für etwas ganz Besonderes zu stellen. Du kannst dir natürlich auch eine ganz eigene Botschaft ausdenken.

Beginne jeden Morgen mit einer Botschaft, um daraus einen schönen Morgen werden zu lassen.

Es ist ein schöner Morgen. Ich bin gesund glücklich und voller Lebensfreude.

(persönliche Botschaft der Autorin)

2. Oktober

Rücksicht nehmen

Lerne Rücksicht auf andere Menschen zu nehmen.

Du kannst nicht früh am Morgen einfach laut herumbrüllen, wenn der Rest der Familie noch schläft. Oder möchtest du so am Morgen geweckt werden?

Wenn deine Familie am Kaffeetisch sitzt, um gemeinsam Kuchen zu essen, dann kannst du nicht zum Beispiel mit einer Mega-Lautstärke mit deinen Autos Rennbahn spielen und die Motorengeräusche brummen lassen. Du störst dann deine Familie.

In der Schule kannst du auch nicht während des Unterrichts auf dem Tisch trommeln, es würde den Unterricht und all deine Mitschüler stören.
Bei Freunden kannst du dich nicht immer wie ein kreischender Clown benehmen. Das mögen deine Freunde und die Eltern ganz bestimmt nicht.

Auf der Straße kannst du auch nicht grölend und rempelnd herumlaufen. Du nervst damit die anderen Menschen, und angerempelt zu werden mag eh schon keiner.

Du darfst auf keinen Fall deine Tiere einfach so anbrüllen, weil du gerade Lust darauf hast. Tiere sind sehr sensibel und sie könnten sich arg erschrecken und Angst bekommen.

Es gehört schon ein wenig Feingefühl dazu, zu lernen und zu spüren, wann sich andere Menschen durch dein Verhalten gestört fühlen.

Lerne Rücksicht zu nehmen!

3. Oktober

Schlagen ist keine Lösung

Wenn es mit deinen Freunden Unstimmigkeiten gibt und ihr alleine nicht mit Worten zu einer Lösung kommt, dann fangt keine Prügelei an.

Schlagen, Prügeln, Treten, Hauen usw. sind keine Mittel, um eine Lösung zu finden. Außerdem besteht die Gefahr, sich dabei arg zu verletzen. Wie ihr in der Botschaft „friedvoller Krieger" gelernt habt, habt ihr einen Mund zum Reden. Klappt es nicht und ihr könnt euch nicht einigen, dann holt euch eine erwachsene Person hinzu. Diese kann sich beide Seiten anhören und dann mit euch eine Lösung überlegen.

Einfach drauf loszuschlagen ist eine ungünstige Lösung. Stell dir vor, alle Menschen würden sich bei Unstimmigkeiten sofort schlagen. Was wäre dann auf der Welt los?

Konflikte sind Aufgaben in deinem Leben, um eine Lösung zu finden. Finde diese Lösung mit Worten und gegebenenfalls mit Hilfe eines Erwachsenen.

Denke daran: Schlagen ist keine Lösung – finde einen besseren Lösungsweg!

4. Oktober

Freche Wörter – schlimme Zeichen

Mit Freunden und Mitschülern oder anderen Kindern gibt es immer einmal Streit oder Konflikte. Wirst du geärgert und möchtest es nicht, dann reagiere nicht darauf und lass dich einfach nicht ärgern.

Im Streit werden oft sehr freche Wörter gesagt. Sei nicht hitzköpfig und schimpfe nicht einfach los.

Erst einmal ist es nicht so toll, irgendwelche frechen Wörter, Schimpfwörter zu verwenden oder auch *blöde Zeichen* zu machen. Wenn deine Lehrer oder Lehrerin es in der Schule sehen, bekommst du vielleicht auch noch Ärger. Außerdem findest du auf diesem Weg keine Lösung: Im Gegenteil, du provozierst dein Gegenüber noch viel mehr, und schon kann es zu einer Rangelei kommen.

Manche Kinder wollen sich mit schlimmen Wörtern oder Zeichen ganz besonders in den Vordergrund stellen, sie fühlen sich dann manchmal sehr witzig und meinen, sie seien sehr cool. Aber nicht alle Menschen mögen diese Wörter und Zeichen, und auch wenn die anderen Kinder darüber lachen, weil du den schlimmsten Wortschatz deiner Klasse hast – wahre Freunde wirst du damit nicht finden.

Überlege dir genau, welche Wörter und Zeichen du benutzt, und provoziere keine Freunde damit.

5. Oktober

Lerne für dein Leben

Als Kind musst du noch viel für dein Leben lernen. Du lernst etwas von deinen Eltern, Freunden, in der Schule und von deinem Umfeld und den Medien.

Einige Dinge, die du zum Beispiel in der Schule lernen musst, sind sehr interessant, und manche Dinge langweilen dich vielleicht. Die interessanten Dinge lassen sich natürlich viel leichter lernen, weil es eben mehr Spaß macht.

Es gibt aber nicht nur Dinge zu lernen, die besonders viel Spaß machen, sondern es gibt auch Dinge, die einfach gelernt werden müssen. Dies sind Dinge, die dir nicht so viel Spaß machen, die aber gelernt werden müssen, weil es so vorgesehen ist. Somit ist es dann deine Pflicht, diese zu lernen.

Alles, was du zu Hause oder in der Schule lernst, ist wichtig für dein Leben. Du lernst für DEIN Leben, auch wenn es manchmal schwer zu verstehen ist. Versuche es zu verstehen, dann wird es dir auch leichter fallen, das nicht so Interessante mit einer anderen Motivation und Pflicht zu lernen.

Wisse: Alles, was du lernen musst, lernst du für dein Leben.

6. Oktober

Vertrauen und Ehrlichkeit

Blödsinn oder Unfug macht jeder einmal in seinem Leben. Dabei kann auch mal etwas sehr Unangenehmes passieren oder es wird etwas beschädigt.

Bei allem, was passiert, sollte aber auf jeden Fall so viel Ehrlichkeit bei dir vorhanden sein, dass du dich deinen Eltern anvertraust und ihnen von deinem Malheur erzählst. Wenn du versuchst es zu vertuschen, zu verheimlichen, oder wenn du sogar Lügen erfindest, dann machst du alles noch viel schlimmer. Deine Eltern werden sehr enttäuscht sein und sich dann mit Recht vielleicht eine Strafe überlegen.

Habe immer Vertrauen zu deinen Eltern, sei ehrlich und erzähle ihnen alles. Du wirst sehen, wenn du so viel Mut zur Ehrlichkeit hast, ist alles halb so schlimm.

Denke an Vertrauen und Ehrlichkeit!

7. Oktober

Nähe zu deinen Eltern

Es gibt im Leben immer wieder Momente der Spannungen zwischen dir und deinen Eltern. Du hast vielleicht eine andere Meinung und deine Eltern haben gerade eine andere Erwartung an dich. Dies sind Zeiten, in denen man die Situation mit Worten manchmal nicht richtig lösen kann.

Egal, welche Spannung auch zwischen euch ist und wenn Worte gerade kein Verständnis finden, nehmt euch trotzdem Zeit für ein kleines tägliches Ritual. Es hilft sehr schnell, zwischen euch Harmonie zu schaffen und nicht die Nähe zu verlieren. Dieses Ritual ist für kleine und große Kinder (und natürlich auch für Erwachsene), für Mädchen wie auch besonders für Jungen. Findet es nicht albern, macht es einfach und spürt, wie gut es euch tut:

Dieses Ritual kann am Morgen beim Verabschieden oder beim Zubettgehen gemacht werden:

Nehmt euch einfach ein paar Sekunden in den Arm, so dass eure Herzzentren* aneinander liegen (kleinere Kinder können auf einen Stuhl oder Bett steigen, oder die Erwachsenen beugen sich runter).

Lass dein Herzzentrum Kontakt mit dem eurer Eltern haben und spüre so immer die Nähe und Verbundenheit zu deinen Eltern. Es ist sehr wichtig und für beide sehr heilsam.

* Erklärung Herzzentrum: Dein Herz liegt auf der linke Seite in deinem Körper. Aus der indischen Chakralehre befinden sich in jedem Körper sieben Energiezentren. Dein Herzzentrum liegt genau in der Mitte deiner Brust.

8. Oktober

Fahre nie schneller, als dein Schutzengel fliegen kann

Fahre nie schneller, als dein Schutzengel fliegen kann – ein schöner Vers, entnommen einem Aufkleber, der einmal bei einem Urlaubsgottesdienst verteilt wurde.

Es mag zwar lustig klingen, soll aber zum Nachdenken anregen. Versuche auch dein Tempo immer im Rahmen zu halten. Egal, ob zu Fuß, mit dem Fahrrad, mit dem Mofa oder später mit dem Auto, wähle ein Tempo, das den Gegebenheiten angepasst ist.

Versuche dich *niemals* durch akrobatische oder übermäßige Geschwindigkeiten wichtig zu machen, um bewundert zu werden oder als besonders mutig zu gelten.

Ein Held, den alle bewundern, bist dadurch nicht – höchstens ein „waghalsiger Dummkopf".

Setz dein Leben niemals aufs Spiel, um von anderen bewundert zu werden. Wähle ein geeignetes Tempo – und

fahre nie schneller, als dein Schutzengel fliegen kann ...

9. Oktober

An etwas glauben

An etwas glauben bringt eine schöne Energie und Zuversicht in dein Leben. Dein Glaube gibt dir Kraft, viele Dinge zu meistern, die sehr schwierig erscheinen. Er gibt dir Mut, dein Leben positiv zu sehen, trotz mancher Tiefschläge in deinem Leben.

Dein Glaube an Heilung und Gesundheit gibt dir viel positive Lebensenergie, und deine Zellen können alles Belastende oder Krankmachende besser abwehren.

Glaube an Gott, etwas ganz Besonderes oder an deinen Schutzengel, es wird dir das Gefühl geben, niemals wirklich allein zu sein.

Es gibt vieles, woran du glauben kannst.

Egal, was oder woran du glaubst, dein Glaube an etwas gibt dir ganz viel Kraft in deinem Leben. Es heißt ja auch so schön in einer Volksweisheit: *Der Glaube kann Berge versetzen*, was so viel bedeuten soll, dass man eine große Kraft entwickeln kann, wenn man an etwas glaubt.

Nutze diese Kraft des Glaubens!

10. Oktober

Geschenke von Mutter Erde

Überall kannst du heute Geschenke von Mutter Erde entdecken. Du brauchst dich nur umzuschauen.

Schau doch gerade einmal ganz bewusst …,

dann kannst du so viele schöne Dinge entdecken.

Du kannst sogar einige dieser Schätze sammeln, wie zum Beispiel besonders schöne Steine, urig geformte Stöcke oder Wurzeln, wunderschöne Blätter.

Einige dieser Schätze sind auch nicht unbedingt sichtbar, nur dein Herz kann sie finden, wenn du dich dafür öffnest. Dazu gehören auch die Kraft und die Liebe von Mutter Erde.

Lass dich jeden Tag neu überraschen, welche Geschenke Mutter Erde dir zeigt.

Achte auf die sichtbaren und unsichtbaren Geschenke, die Mutter Erde für dich bereithält.

11. Oktober

Neue Menschen, neue Chancen

In deinem Leben begegnest du immer wieder neuen Menschen.

Du lernst neue Mitschüler kennen.
Du bekommst einen neuen Lehrer oder eine Lehrerin.
Du lernst in deiner Freizeit neue Freunde kennen.

Neue Menschen kennenzulernen kann etwas sehr Wertvolles und Besonderes sein. Es ist schön, offen für neue Bekanntschaften oder Freundschaften zu sein.

Mit jedem neuen Menschen, den du kennenlernst, hast du auch die Chance, etwas Neues kennenzulernen. Du lernst zum Beispiel neue Eigenschaften kennen, da jeder Mensch auch seine eigenen Besonderheiten hat.

Sei also nicht schon voreingenommen oder blocke ab, wenn du die Chance hast, neue Menschen kennenzulernen. Sei offen und neugierig auf die neuen Menschen, denen du begegnest. Lerne sie kennen und entscheide dann, ob du sie magst und sie dir sympathisch sind und du mit ihnen Freundschaft schließen möchtest oder ob du ihnen mit Respekt und Abstand begegnen möchtest.

Nutze die Gelegenheit, und denke daran: neue Menschen, neue Chancen.

12. Oktober

Nicht einschlafen können

Es gibt Abende, an denen du keine Ruhe findest und nicht einschlafen kannst. Irgendwie bist du todmüde, aber dein Körper oder auch die Gedanken sind so aufgedreht und finden keine Ruhe. Natürlich ist es für dich wichtig zu schlafen.

Was tun?

Du kannst dich ärgerlich von der einen Seite zur anderen wälzen und versuchen, trotzdem einzuschlafen. Nur, du wirst immer ärgerlicher werden und mit so viel Ärger trotzdem nicht einschlafen. Ärger oder unangenehme Gefühle wühlen den Körper nämlich erst so richtig auf und man kommt dann schlechter zur Ruhe.

Du kannst aber auch versuchen, diese Situation so anzunehmen, wie sie ist. Denke: „Okay, Schlaf ist wichtig – ich brauche meinen Schlaf, es klappt momentan nur nicht mit dem Einschlafen."

Spielen oder Lesen werden dir deine Eltern sicherlich nicht erlauben, also versuche es dir trotzdem ein wenig angenehm zu machen. Denke dir doch einfach eine eigene Phantasiegeschichte aus. Erfinde eine schöne Urlaubs- oder Abenteuergeschichte. Stell dir vor, du würdest aus deiner Geschichte einen Film drehen, und stell dir diese Geschichte in Gedanken von Anfang an vor.

Probier es aus. Dein Ärger über deine Schlaflosigkeit wird vorüber sein, du kannst deiner Phantasie freien Lauf lassen. Und irgendwann wird die Geschichte eine Pause machen, weil du längst eingeschlafen bist ....

Kannst du einmal nicht einschlafen, sei nicht ärgerlich, nutze die Zeit und lass deiner Phantasie freien Lauf... Schlaf schön!

13. Oktober

Du bist nie wirklich allein

An manchen Tagen geht manchmal alles schief. Es gibt zum Beispiel Ärger mit Freunden und/oder mit Eltern. Oder du hast das Gefühl, als würde keiner Zeit für dich haben. Es scheint, als ob alles einfach nur noch wie zum Heulen ist. Du fühlst dich von allen Menschen um dich herum total unverstanden und ganz allein…

Kommt dir dieses Gefühl bekannt vor? Du brauchst dich aber nicht alleine zu fühlen, denn du bist nie wirklich allein. Deine Eltern sind immer für dich da, auch wenn du im Moment ein anderes Gefühl hast. Sicherlich hast du einen Glücksbringer oder ein Kuscheltier. Sie können nicht wirklich mit dir reden, aber sie können dich ein wenig trösten.

Du hast auch schon dein Krafttier und auch deinen Schutzengel kennengelernt. Denke doch einfach an sie und bitte sie um ein wenig Unterstützung. Versuche dich gedanklich mit deinem Krafttier und deinem Schutzengel in Verbindung zu setzen und an sie zu denken, es wird dir gut tun.

Auch wenn sich alles mal total miserabel anfühlt, wichtig ist, dass du weißt:

Du bist nie wirklich allein!

14. Oktober

Sorge für dich

Du bist allein für dich verantwortlich, deshalb sorge auch immer gut für dich.

Wenn Freunde dich zum Spielen abholen wollen und du noch nicht so weit bist, dann hetze nicht unnötig. Deine Freunde können auch noch einen Moment warten, wenn du zum Beispiel noch etwas essen, trinken oder die Toilette aufsuchen möchtest. Es kann auch sein, dass du dich zum Spielen noch umziehen musst.

Alles, was du noch tun möchtest, erledige in Ruhe. Lass dich nicht hetzen und bestimme *dein* Tempo. Lässt du dich zu sehr hetzen, dann fühlt sich dein Körper leicht gestresst und das tut dir nicht gut. Deine Freunde können den kleinen Moment auch noch warten.

Wenn du beim Spielen merkst, dass du vielleicht nassgeschwitzt bist, dann geh sofort nach Hause und ziehe neue Kleidung an. Sonst riskierst du eine Erkältung. Deine Freunde werden auf dich warten.

Lass dich nie von anderen hetzen, sorge gut für dich!

15. Oktober

Schönheit? Jeder ist schön

Heutzutage wird sehr viel über Schönheit und Idole gesprochen. Irgendein Popstar oder Fußballprofi ist gerade total „in". Alle mögen und verehren diesen Menschen. Er oder sie ist absolut „trendi" und sieht meistens besonders gut aus (so sagt es die Presse). „So will ich auch aussehen", denken viele Kinder und Jugendliche.

Aber Schönheit, was ist das eigentlich?

Ist nur der oder die schön, der gerade immer in den Zeitungen abgebildet oder oft im Fernsehen zu sehen ist?

Ist nur jemand schön, der oder die eine bestimme Figur oder Haarfarbe hat?

Was ist Schönheit? Wer bestimmt, wer oder was schön ist? Kann man überhaupt Schönheit bestimmen?

Finde dich einfach schön, so, wie du bist. Versuche dich nicht anderen Menschen anzugleichen. Jeder Mensch ist auf seine besondere Art eine Schönheit und jeder Mensch hat seine Besonderheiten.

Lass dich nicht in eine „Schönheitsschublade" stecken. Jeder ist schön. Du bist eine Schönheit.

16. Oktober

Verlieren können

Du kannst nicht immer nur gewinnen. Diese Erwartung solltest du nicht haben.

Jeder Mensch sollte lernen, auch verlieren zu können.

Verlieren zu können, ohne dabei wütend zu werden, ist etwas Besonderes. Natürlich darfst du dich ärgern, wenn du zum Beispiel bei einem Sportwettkampf oder bei einem spannenden Spiel wie „Mensch-ärgere-dich nicht" verloren hast. Aber werde dann nicht wütend und bocke nicht für Stunden herum.

Hast du beim Loseziehen nur Nieten gezogen, dann freue dich, dass deine Freunde vielleicht einen Gewinn dabei hatten. Freue dich, dass andere etwas gewonnen haben. Auch du hast irgendwann mal wieder ein Gewinn-Los.

Lerne, mit Freude verlieren zu können.

17. Oktober

Spiel, Spaß oder Ärger

Mitschüler oder Freunde werden sicherlich versuchen, einander zu hänseln, zu ärgern oder zu necken.

Ist es ein gemeinsames Spiel und bringt es allen Spaß, dann ist es in Ordnung und erlaubt, sich gegenseitig zu necken, die Mützen wegzunehmen oder Fangen zu spielen.

Ist es aber für einen der Beteiligten nicht mehr Spiel und Spaß und fühlt sich einer dabei nicht wohl oder möchte diese Form des Spiels nicht mehr, dann ist es Ärger!

Ärger fühlt sich nicht gut an, dann ist es besser, das Spiel zu beenden. Besonders dann, wenn geschubst oder gerempelt wird und andere sich dabei wehtun.

Erkenne auch für dich, ob es Spiel und Spaß ist. Ober ob es sich nicht gut anfühlt, für dich Ärger ist und du es nicht mehr möchtest. Dann höre auch sofort auf damit und sage ganz klar „STOPP, das möchte ich nicht mehr." Geh weg, wenn es keine andere Lösung gibt, aber zeige deine Grenze.

Entscheide du, ob es für dich Ärger oder Spiel und Spaß ist.

18. Oktober

Elternstreit

So, wie du dich mit deinen Freunden oder Geschwistern streitest, so ist es auch ganz normal, dass deine Eltern Streit haben. Manchmal kann es ein kleiner Streit sein, und manchmal kann der Streit auch etwas länger dauern.

In „Streitzeiten" fallen manchmal laute Worte oder es herrscht eine komische Stimmung. Es fühlt sich dann so an, als würde man diese komische Stimmung auch als Schwingung wahrnehmen können. Besonders Kinder können diese negative Schwingung sehr gut spüren.

Du musst nur eins wissen:

DU BIST NICHT FÜR DEN STREIT DEINER ELTERN VERANTWORTLICH.
DU BIST NICHT SCHULD AN DEM STREIT DEINER ELTERN.

Wenn sich der Streit deiner Eltern für dich nicht gut anfühlt, dann sage es deinen Eltern! Sage ihnen, sie möchten ihren Streit klären und sich wieder vertragen.

Sie werden dich vielleicht komisch anschauen, aber *du* hast doch Recht!

Du kannst nichts für den Streit deiner Eltern, versuche nicht zu leiden.

19. Oktober

Distanz und Nähe

Distanz bedeutet Abstand halten. Nähe bedeutet einander nah sein.

Wie viel Distanz oder Nähe du zu einem bestimmten Menschen haben möchtest, das entscheidest nur *du* allein.

Bei manchen Menschen möchtest du ganz viel Distanz, weil sich ihre Nähe nicht gut anfühlt. Die Nähe von ganz besonders lieben Menschen fühlt sich für dich gut an und du magst es gerne.

Wie du das Gefühl von Distanz und Nähe wahrnimmst und die Entscheidung treffen kannst, genauso respektiere das Gefühl von anderen Menschen. Wenn andere Menschen nicht unbedingt deine direkte Nähe möchten, dann respektiere es und halte etwas mehr Distanz. Es bedeutet ja nicht, dass sie dich nicht mögen, nur: Jeder Mensch hat ein eigenes Gefühl von Distanz und Nähe.

Jeder Mensch braucht seine ganz individuelle Distanz, um sich wohlzufühlen.

Respektiere Distanz und Nähe, bei dir und bei anderen Menschen.

20. Oktober

Computer & Co

Computer, Internet, Gameboy, Playstation, TV ... in Maßen.

Fernsehen kann manchmal sehr unterhaltsam und spannend sein. Viele Dinge kann man durch das Fernsehen und durch das Internet lernen und man kann sich dadurch über einige Themen gut informieren.

Mit Gameboy, X-Box und Playstation kann man einige tolle Spiele spielen, sie bringen Spaß.

Denke aber daran, dass all diese Dinge nur in Maßen gut sind!

Ein Übermaß überreizt dein Nervensystem und du kannst die erlebten Bilder nicht richtig verarbeiten. Deine Augen sind viel zu überanstrengt. Dein Körper hat durch das zu lange Sitzen viel zu wenig Bewegung und frische Luft.

Sich nur mit Computer, Internet, Gameboy, Playstation und TV & Co zu beschäftigen kann auch einsam machen. Wenn du immer nur für dich alleine die neuesten Spiele ausprobieren möchtest oder dir irgendwelche Sendungen im Fernsehen anschaust, wirst du immer einsamer werden. Sich nur von der Medienwelt berieseln zu lassen bedeutet, dass du aktiv gar nichts mehr tun musst. Du konsumierst die „Bilderwelt“ und es wird dich irgendwann nicht nur körperlich, sondern auch geistig träge machen. Dann wirst du erst recht keine Lust mehr auf andere Beschäftigungen haben.

Ganz wichtig ist noch zu wissen: Wenn man immer nur vom Bildschirm konsumiert, kann es auch süchtig danach machen, immer weiter am Bildschirm zu spielen oder sich berieseln zu lassen.

Die Technik sollte dir nie wichtiger als deine Freunde sein. Etwas mit Freunden gemeinsam zu unternehmen ist viel schöner, als alles alleine zu machen.

Wenn dein Freund oder deine Freundin sich nur für Spiele am Bildschirm oder Fernsehsendungen interessieren, dann verabredet doch einen Teil des Nachmittags, Spaß am Bildschirm zu haben und dann etwas anderes zu spielen oder nach draußen zu gehen.

Denke daran: Computer, Gameboy, Playstation und TV sind in Ordnung, aber nur in Maßen!

21. Oktober

Freunde sind wichtig

Freunde zu haben ist wichtig. Es müssen ja nicht viele Freunde sein, aber ein paar auserwählte sollten es schon sein. Wenn einer deiner Freunde dann einmal keine Zeit für dich hat, dann ist immer noch ein anderer Freund da.

Mit Freunden kannst du viel Spaß in der Schule und in deiner Freizeit haben. Mit Freunden kannst du deine Gedanken, deine Freude sowie auch deine Traurigkeit teilen. Ihr könnt lernen, euch zu streiten und wieder zu vertragen. Freunde helfen einander, sind für einander da und geben Unterstützung. Mit Freunden kann man sich tolle Ideen oder Geschichten ausdenken.

Freunde fliegen einem aber niemals einfach so zu. Man muss sich schon bemühen, Freunde zu finden und Freundschaften aufzubauen. Freundschaften müssen auch gepflegt werden. Jeder muss etwas für eine Freundschaft tun und sich auch aktiv um Verabredungen kümmern.

Kümmere dich auch um Freunde, denn Freunde sind wichtig.

22. Oktober

Freunde – egal, ob Junge oder Mädchen

Wenn du einige Menschen besonders gerne magst und mit ihnen Freundschaft schließt, dann ist es doch egal, ob es sich um einen Jungen oder ein Mädchen handelt.

Warum sollen Jungen immer nur mit Jungen und Mädchen nur mit Mädchen zum Spielen verabredet sein?

„Mädchen spielen nur mit Mädchen und mit Puppen." „Jungen spielen nur mit Jungen und Autos." Das ist totaler Unsinn und stimmt so nicht!

Als Junge kannst du genauso gut mit einem Mädchen befreundet sein, und als Mädchen eben mit einem Jungen. Du wirst feststellen, wie schön es sein kann, mit Mädchen und/oder Jungen zu spielen. Auch wenn deine Freunde darüber lachen oder dich hänseln. Lass sie lachen, deine Freunde suchst du dir schließlich ganz alleine aus – und du sollst dich mit deinen Freunden wohlfühlen und deine Freizeit teilen.

Genieße deine Freundschaften, egal, ob es ein Junge oder ein Mädchen ist.

23. Oktober

Sabbeln wie ein Wasserfall

Kinder (und auch einige Erwachsene) haben manchmal die Begabung, zu sabbeln und zu brabbeln wie ein „Wasserfall". Sie sabbeln, ohne Luft zu holen, unermüdlich und ohne jede Pause. Sie erzählen nur von sich.

An manchen Tagen hast du sicherlich viel Interessantes erlebt und möchtest alles erzählen und loswerden. Das ist richtig und wichtig. Aber prüfe auch, ob deine Zuhörer gerade in der Stimmung sind, so viel Gesabbel auf einmal von dir zu hören. Wenn du dir nicht sicher bist, dann frage lieber einmal nach: Hast du Lust, mir noch weiter zuzuhören?

Auch wenn du ganz viel zu erzählen hast, gib auch deinen Zuhörern die Chance, etwas zu sagen. Sei dann du auch ein guter Zuhörer. Das ist nämlich auch ganz wichtig.

Lerne auch zuzuhören und sabbel nicht nur wie ein „Wasserfall".

24. Oktober

Richtiger Zeitpunkt

Wenn du etwas Besonderes vorhast oder etwas Bestimmtes tun oder erledigen sollst, dann versuche zu schauen, ob der Zeitpunkt stimmt.

Zu einigen Dingen gehören schon ein wenig Überwindung, Mut oder Sicherheit. Manchmal kostet es auch eine große Überwindung, das erste Mal von einem Drei-Meter-Turm zu springen. Wenn du das Gefühl hast, dass es sich momentan für dich nicht gut anfühlt, dann verlass dich auf jeden Fall auf dein Gefühl und verschiebe dieses Vorhaben auf einen anderen Zeitpunkt. Es ist dann auch überhaupt nicht schlimm, wenn du wieder die Treppe heruntersteigst, anstatt ins Wasser zu springen. Mach niemals etwas, weil andere danebenstehen und es von dir verlangen oder dich vielleicht auslachen, wenn du, wie im vorherigen Beispiel, die Treppe benutzt. Es gibt noch viele weitere Beispiele. Spüre genau, was dein Gefühl dir sagt!

Verlass dich immer auf dein Gefühl und finde den richtigen Zeitpunkt, wann es sich für dich gut anfühlt.

25. Oktober

Erfülle deine Aufgaben zur Zufriedenheit

Wie alle Menschen hast du auch bestimmte Aufgaben und Pflichten zu erfüllen. Deine Aufgaben und Pflichten in der Schule, zu Hause oder mit Freunden mögen dir nicht immer nur Freude bereiten.

Ordnung halten, Aufräumen, Helfen im Haushalt, vernünftige Hausaufgabenerledigung, Gartenarbeit, Fahrradputzen, Tiere versorgen usw. bringen manchmal nicht so viel Spaß, aber es gehört zu deinen wenigen Aufgaben und du hast die Pflicht, diese Aufgaben auch zu erfüllen.

Erfülle deine Aufgaben nicht einfach so lala und oberflächlich. Erfülle deine Aufgaben mit größter Sorgfalt. Es ist deine Pflicht.

Jeder Mensch hat im Leben immer einige Pflichten zu erfüllen, und es ist hilfreich, auch Kinder schon früh damit vertraut zu machen.

Denke daran, auch wenn es keinen großen Spaß bringt, erfülle deine Aufgaben und Pflichten mit größter Sorgfalt!

26. Oktober

Schnelle Hilfe

Wenn du in der Freizeit mit deinen Freunden unterwegs bist und ein kleiner Unfall passiert, dann versucht nicht es zu verheimlichen oder selbst den „Arzt" zu spielen. Holt lieber sofort schnelle Hilfe.

Bei einem Sturz auf den Kopf kann man als Kind nicht unterscheiden, wie schlimm es wirklich ist. Auch wenn keine äußere Wunde zu sehen ist, kann man sich eine Gehirnerschütterung zugezogen haben. Bei einer kleinen blutigen Verletzung ist es gut, die Wunde zu desinfizieren und mit einem Pflaster zu versorgen, damit es keine Entzündung gibt. Deshalb ist es besser, wenn ihr dies einem Erwachsenen mitteilt und ihn um Hilfe bittet, egal, wie klein und unbedeutend es für euch Kinder sein mag.

Manchmal kommt es auch zu Situationen, in denen ihr geärgert oder verhauen werdet, blöde angequatscht oder von irgendjemandem nicht in Ruhe gelassen werdet. Holt euch Hilfe von Erwachsenen.

Denk dran: Bittet Erwachsene um Hilfe. Egal, ob es die Eltern, Freunde oder Nachbarn sind.

Holt euch immer schnelle Hilfe.

27. Oktober

Gute und schlechte Geheimnisse

Geheimnisse sind eigentlich dazu gedacht, dass man sie ganz für sich behält und nicht weitererzählt oder jemanden verpetzt.

Das bezieht sich aber nur auf „gute Geheimnisse". Überleg mal, was sind für dich

schlechte Geheimnisse:	gute Geheimnisse:
....	....
....	....
....	....
....	....
....	....

Schlechte Geheimnisse haben immer einen negativen Hintergrund.

Beispiele:

Jemand hat dir etwas angetan, dir etwas weggenommen oder dich sogar bedroht. Dir wird dann auch noch angedroht, es ja niemandem weiterzuerzählen.

Oder es ist ein Mensch oder ein Gegenstand zu Schaden gekommen und du sollst es auf keinen Fall weitersagen.

Lass dich nicht beirren, egal, was du zu hören bekommst. Bei dieser Art von „schlechten Geheimnissen" vertraue dich *immer* deinen Eltern an.

Gute Geheimnisse dagegen haben etwas mit Überraschungen, Geschenken zu besonderen Anlässen oder einem Vorhaben zu tun. Es ist immer etwas Schönes. Oder deine Freundin oder dein Freund vertraut dir an, dass er oder sie in jemanden verliebt ist. Diese besonderen Geheimnisse sollen nicht verraten werden. Behalte sie für dich. Unterscheide ganz genau zwischen den guten Geheimnissen, die du auch wirklich für dich behältst, und den schlechten Geheimnissen, die du sofort deinen Eltern mitteilst.

Denke an die guten und schlechten Geheimnisse.

28. Oktober

Dulde keine Ungerechtigkeiten

Ungerechtigkeiten können immer wieder geschehen, meistens ohne Absicht. Wenn man ungerecht behandelt wird, braucht man es auf keinen Fall so hinzunehmen. Dulde keine Ungerechtigkeiten, die dir Freunde oder deine Eltern antun.

Wann immer du das Gefühl hast, es geschieht etwas Ungerechtes, dann fühle dich nicht klein oder wie im Hals zugeschnürt, sondern sei mutig und fühle dich stark und sprich es frei heraus.

- Wenn du in der Schule ungerecht behandelt oder beschuldigt wirst, dann sage es der Lehrerin oder dem Lehrer. Nimm es nicht einfach so hin.

- Wenn Freunde sich dir ungerecht gegenüber benehmen, dann sage es deinen Freunden.

- Wenn Eltern aus irgendeinem Grund zu dir ungerecht sind, dann sage es deinen Eltern.

- Wenn du siehst, wie jemand ungerecht behandelt wird, dann versuche zu helfen.

Nimm keine Ungerechtigkeit einfach so hin. Sei mutig und stark und sage deine Meinung.

Dulde keine Ungerechtigkeiten!

29. Oktober

Deine Wertschätzung

Du bist ein besonderes Menschenkind und hast auch einen besonderen Wert. Du bist auf deine Art und Weise wertvoll.

Wenn du dir deinen eigenen Wert einmal ganz genau bewusst machst, dann weißt du deinen eigenen Wert zu schätzen. Dies bedeutet nicht, dass du nun ganz hochnäsig der Welt gegenübertreten sollst und nur darauf wartest, dass alle immer zu dir kommen, sondern dass du deinen eigenen Wert erkennst.

Ein Beispiel:

Ein Freund von dir verabredet sich mit dir zum Spielen. Ein paarmal hat er dich schon versetzt, weil er einfach nicht gekommen ist. Du hast ihn dann immer wieder abgeholt, um mit ihm zu spielen. Jeder kann mal einen Termin vergessen, aber wenn es ständig geschieht, dann nervt es und du brauchst niemandem ständig hinterherzurennen. So sollte keine Basis einer Freundschaft sein.

Wisse um deine eigene Wertschätzung und dulde nicht, dass man so mit dir umgeht. Verabrede dich dann lieber mit anderen Kindern oder teile es deinem Freund mit, dass du keine Lust auf das ständige Warten und Versetztwerden hast.

Wisse um deine Wertschätzung und mache dies deutlich.

30. Oktober

Kunstwerke im Herbst

Der Herbst hat begonnen, das Laub ist von den Bäumen gefallen. Es wird langsam kalt, neblig und auch frostig.

Auch in dieser Zeit bietet die Natur wunderschöne Kunstwerke, wenn man nur die Augen dafür öffnet.

Hast du schon einmal ganz bewusst beim ersten Raureif oder Frost ein Spinnennetz beobachtet? Die feinen Fäden des Spinnennetzes funkeln durch den Raureif wie viele klitzekleine Kristalle, die an einem Seidenfaden aufgefädelt sind.

Das Spinnennetz sieht aus wie ein prächtiges Kunstwerk.

Beobachte mal die Natur im Herbst und du wirst erstaunt sein, dass es gar nicht so trüb und langweilig draußen ist.

Finde und beobachte die vielen Kunstwerke im Herbst.

31. Oktober

Sei nicht schüchtern – trau dich

In deinem Leben kommen immer wieder viele neue Dinge auf dich zu. Manchmal sind es neue Aufgaben, neue Herausforderungen, neue Sportkurse und vieles mehr.

Habe keine Angst davor und sei nicht schüchtern, versuche dir selber immer wieder Mut zu machen.

Du hast doch schon einige Dinge zur Unterstützung kennengelernt:

Denke an all die tollen Ereignisse, die du nach anfänglicher Ängstlichkeit dann doch toll gemeistert hast.
Denke an deine positive Einstellung und die Kraft deiner Gedanken.
Denke an die Zauberformeln.
Denke an deinen Schutzengel.

Warum dich also nicht trauen? Was kann schon passieren? Eigentlich kann es schlimmstenfalls schiefgehen. Aber das ist doch egal, du kannst nur davon lernen und dann wird es das nächste Mal eben besser.

Was immer an neuen Situationen auf dich zukommt – sei nicht schüchtern, habe Mut und trau dich.

In der Schule ist es wichtig, dass du dich nicht irgendwie „unsichtbar" machst. Es gibt einige Kinder, die sind sehr schüchtern oder ängstlich. Ihnen fällt es sehr schwer, sich zum Beispiel am mündlichen Schulunterricht zu beteiligen.

Es kommt nicht immer darauf an, das wirklich Richtige zu sagen – sondern sich selber zu trauen.

Selbstvertrauen ist nichts Angeborenes. Selbstvertrauen kann wirklich JEDER lernen, man muss es nur wollen und sich selber trauen. Es ist auch kein Geheimnis, denn viele Chefs großer Unternehmen mussten auch in Seminaren lernen, mehr Selbstvertrauen und Selbstsicherheit zu erlangen.

Wenn du mehr Selbstvertrauen haben möchtest, dann ist das Wichtigste überhaupt: erst einmal den ersten Schritt zu tun und etwas zu wagen. Wenn der erste Schritt getan ist und du dann merkst, dass niemand alles wissen und können muss, dann probiere einfach ein paar Dinge aus. Du kannst dir auch selber immer neue Aufgaben stellen oder deine Eltern um Hilfe bitten. Es wird dir immer leichter fallen und letztlich ist alles eine reine Trainingssache.

Traue dir selber etwas mehr zu und entwickle mehr Selbstvertrauen.

Trau dich!

1. November

Körpersignale

Dein Körper sendet dir täglich sehr viele Signale. Wenn du lernst, aufmerksam und achtsam zu sein, kannst du viel von deinem Körper lernen und vielleicht auch das eine oder andere Unwohlsein vermeiden.

Du kannst zum Beispiel morgens deine Zunge anschauen. Wie sieht sie aus? Wenn du es öfter gemacht hast, dann kannst du auch Unterschiede feststellen. Oder bekommt deine Zunge nach einem Nahrungsmittel manchmal einen komischen Geschmack und fühlt sich irgendwie „anders" an? Wenn es so ist, dann war gerade dieses Nahrungsmittel nicht so gut für dich.

Du kannst auch ganz bewusst deinen Urin anschauen. Daran ist nichts Ekelhaftes, es wird nur dazu gemacht. Dein Urin ist ein Endprodukt deiner Nahrungsverwertung. Wenn dein Urin dunkelgelb ist, dann ist es ein Zeichen, dass du heute zu wenig getrunken hast. Trinke also mehr Wasser, es ist sehr wichtig für die Entgiftung deines Körpers.

Dies sind nur zwei Beispiele, es gibt noch viele weitere Beispiele, den eigenen Körper ganz bewusst wahrzunehmen, um ihn so besser kennenzulernen.

Wichtig ist, dass du achtsam bist und lernst, deinen Körper besser wahrzunehmen.

Achte auf deine Körpersignale!

2. November

Lieb sein?

„Du musst jetzt aber lieb sein", das ist eine ganz beliebte Aussage von Erwachsenen.

So ein Quatsch! Wenn du immer nur lieb sein musst, dann bist du ja gar kein Menschenkind, sondern eher eine Puppe, die immer nur *brav* dasitzt.

Du kannst gar nicht immer „nur" lieb sein, dann würdest du ja all deine Gefühle unterdrücken. Zu unseren Gefühlen gehört die Wut. Es ist wichtig, denn auch diese Gefühle müssen ausgedrückt werden. Natürlich nur, ohne anderen Menschen wehzutun.

Unterdrückst du all deine Gefühle, dann entsteht in dir ein Überdruck. Es kann dann sein, dass es irgendwann eine regelrechte Explosion gibt, wie bei einem Vulkan. Dann möchte auch dein Körper diesen inneren Überdruck loswerden, entweder durch eine „Explosion" deiner Gefühle oder schlimmstenfalls dadurch, dass deine Gesundheit geschwächt wird.

Lass es nicht so weit kommen, steh zu deinen Gefühlen und zeige sie.

„Lieb sein" – so ein Quatsch! Sei, wie du bist!

3. November

Du bist einzigartig

Alles auf dieser wunderschönen Welt ist absolut einzigartig. Kein Lebewesen gleicht einem anderen.

Jede Blume, jeder Baum, jeder Berg, jeder Mensch existiert nur einmal auf der Welt.

Alles gibt es nur einmal, und wenn sich auch manche Dinge ähneln, sind sie doch einzigartig. Gerade dies ist etwas Besonderes. Denke einmal an die Muscheln am Strand. Auf den ersten Blick sehen sie auch alle gleich aus. Wenn du sie aber ganz genau betrachtest, wirst du kleine Unterschiede in Form und Farbe feststellen.

Oder kennst du ein Kind, das genauso aussieht wie du und die gleichen tollen Eigenschaften hat? Bestimmt nicht, denn du bist einzigartig.

Genieße es, einzigartig und besonders zu sein.

4. November

Über Liebe und Zuneigung

Echte Liebe und Zuneigung kann man sich nicht kaufen oder irgendwie verdienen.

Es gibt jedoch einige Menschen, die dies glauben und immer wieder versuchen, Liebe und Zuneigung zu erkaufen. Diese Menschen meinen, sie könnten sich Liebe und Zuneigung durch Geld erwerben. Sie machen anderen teure Geschenke, bezahlen alles – einfach nur, um beachtet oder geliebt zu werden.

Andere Menschen wiederum verhalten sich genauso, wie andere es von ihnen erwarten. Sie reden anderen nur nach dem Mund, haben keine eigene Meinung. Manche machen alles, was von ihnen erwartet wird – nur um beachtet oder geliebt zu werden.

Dies mag für einen Moment funktionieren, aber dann finden es die anderen Menschen auch langweilig und wenden sich ab.

Wisse: Zuneigung und Liebe kannst du nicht kaufen oder verdienen, dieses Gefühl kommt ganz alleine aus dem Herzen.

5. November

Morgenmuffel

Steh nicht schon früh am Morgen auf und meckere herum und verbreite schlechte Laune.

Vielleicht ist es noch sehr früh am Morgen und du bist sicherlich noch hundemüde. Du brauchst ja nicht gleich viel zu reden, aber dann bitte auch nicht herummuffeln. Wenn du den Morgen schon mit solch einer Morgenmuffelei beginnst, wie soll dann der Rest des Tages werden?

Beginne den Morgen dann lieber ruhig und aktiviere deine Lebensenergie mit einer kleinen Lockerungsübung.

Zum Beispiel:

- Stell dich aufrecht hin und beginne dich dann in alle Richtungen zu recken und zu strecken.
- Strecke dann die Arme nach vorne aus und lege die Handflächen leicht aneinander.
- Mit Schwung bringe dann die Arme möglichst ausgestreckt nach hinten, so dass sich hier auch wieder die Handflächen berühren.
- Bewege deine Arme dann wieder mit Schwung nach vorne und wieder nach hinten, es sieht so aus, als würde ein Vogel die Flügel schlagen.

Diese Übung weckt deine Lebensenergie, macht dich wach und tut deiner Wirbelsäule gut.

Auch wenn du nicht ausgeschlafen bist, mach trotzdem diesen Morgen zu einem ganz besonderen Morgen.

Sei lieber kein Morgenmuffel.

6. November

Trübe Gedanken

Im November scheinen die Tage manchmal sehr grau und trübe zu sein. Das Laub fällt von den Bäumen, die Sonne quält sich durch den Nebel. Es ist manchmal nass, feucht und riecht nach dem heruntergefallenen Laub.

Gerade an solch trüben Tagen ist es wichtig, deine Gedanken nicht auch noch so trüb werden zu lassen. Diese trübe Stimmung fängt einen oft ein, aber mach dir dann einfach schöne sonnige Gedanken. Der November ist eine wichtige Zeit für die Natur, alles kommt zur Ruhe, um sich auf den Winterschlaf vorzubereiten.

Du kannst draußen und drinnen trotzdem viel Spaß und Freude haben.

Lass es draußen ruhig trüb sein. Habe du aber keine trüben Gedanken, in dir soll es freudig und strahlend sein.

7. November

Indianer-Weisheit

„Erst wenn der letzte Baum gefällt ist, werdet ihr merken, dass man Geld nicht essen kann."

Diese Weisheit soll uns allen sagen, wie wichtig die Natur und Mutter Erde für uns ist.

Unser Leben hängt von den Bäumen ab, durch sie bekommen wir unseren Sauerstoff. Was nützt es, immer mehr produzieren zu wollen und dabei die wichtigen Wälder zu vernichten? Wir dürfen nicht an Produktion und Reichtum denken, wenn dabei die Natur zerstört wird.

Achte die Natur, und trage deinen Teil dazu bei, dass nicht irgendwann der letzte Baum gefällt wird.

Du kannst ganz allein sehr sorgsam mit der Natur und Mutter Erde sein,
du kannst mit anderen deine Gedanken teilen,
du kannst dich mit anderen z.B. zu einer (Greenpeace-)Kindergruppe zusammenschließen und ihr unterstützt gemeinsam die Natur…
es gibt noch viele weitere Ideen und Möglichkeiten.

....

....

Du könntest auch einen eigenen Baum pflanzen....

8. November

Neid

Neid ist eine ziemlich blöde Eigenschaft.

Neidisch zu sein bedeutet, einem anderen Menschen etwas überhaupt nicht zu gönnen (weil man es ja am liebsten auch haben möchte).

Aber warum?

Wir brauchen doch gar nicht neidisch zu sein, denn eigentlich haben wir doch alles, was wir an Wichtigem im Leben brauchen.

Versuche deine Neidgedanken einfach in den Kosmos zu schicken und habe lieber andere, freudige Gedanken.

9. November

Neid ist blöd

Du weißt jetzt ganz genau, warum es blöd ist, neidisch zu sein.

Dann beginne auch jetzt ab sofort, dich mit deinen Freunden und Mitmenschen über alle tollen Dinge zu freuen, die andere erhalten. Sicherlich gibt es einige Dinge, die du auch gerne hättest, aber du kannst im Leben niemals alles haben.

Du kannst dich aber daran erfreuen, wenn du mit den anderen Menschen zusammen bist. Vielleicht kannst du dir von Freunden ein besonderes Spielzeug oder ein spannendes Buch auch mal ausleihen. Dann gibt es noch weniger Gründe, neidisch zu sein.

Auch wenn du etwas gerne hättest und nicht bekommst, sei nicht neidisch. Freue dich aus ganzem Herzen mit anderen Menschen.

10. November

Über das Sterben

Graue, trübe Tage im November wirken manchmal sehr bedrückend. Die letzten Blätter fallen von den Bäumen. Die Stimmung ist manchmal sehr seltsam. Fast alles Grün aus der Natur ist verschwunden, und ein wenig erinnert diese Zeit an das Sterben.

Sterben gehört aber nun einmal zu unserem Leben dazu.

Alle Zeit hat einmal ein Ende, genau wie der Herbst zu Ende ist und jetzt der Winter kommt. Entscheidend zu wissen ist, dass nach jedem Ende aber auch immer wieder etwas Neues kommt. Denke an den Frühling, wenn alles wieder zu blühen beginnt.

Altes wird immer durch Neues ersetzt. Ebenso ist es bei den Menschen. Alte Menschen verlassen über die Regenbogenbrücke die Erde und Babys werden täglich geboren.

Sterben oder jemanden zu verlieren macht manchmal sehr traurig. Traurig zu sein ist sehr wichtig. Vielleicht ist es ein kleiner Trost, wenn du dir vorstellst, dass ein Mensch oder Tier, welches gestorben ist, über die Regenbogenbrücke durch ein goldenes Tor in eine andere Welt gegangen ist. Eine Welt in hellem Licht, ganz ohne Schmerzen oder Leid, und alle sind dort sehr glücklich.

Das Leben ist ein Kommen und Gehen.

11. November

Mandalas malen

Du brauchst kein großartiger Künstler zu sein, um etwas zu malen. Du brauchst nur ein paar Farben und Papier, Kreativität und den Mut loszulegen.

Fehlt dir noch die Übung, einfach etwas frei zu malen, dann beginne doch damit, ein Mandala zu malen.

Mandalas sind runde oder auch eckige Bilder, die immer einen Mittelpunkt haben.

Es gibt sehr schöne Mandala-Malvorlagen, bitte deine Eltern, dir einen Block mit Mandalas zu kaufen.

Wenn du dich mit den Mandalas vertraut gemacht hast, dann erfinde doch eigene Mandalas. Es bringt großen Spaß, sich mit Farben auszudrücken und auch eigene Mandalas zu malen.

Gerade der November lädt dich zum Mandalamalen ein – und nicht nur zum Mandalamalen, auch eigene Bilder zu malen ist toll.

12. November

Erkältet sein

Der November ist auch oft Erkältungszeit. Die Sonne scheint nicht mehr so häufig und versorgt uns nicht mehr so stark mit ihrer Energie. Durch das fehlende Sonnenlicht kann unser Körper auch nicht mehr so viele Vitamine umwandeln. Manchmal sind wir auch etwas zu dünn angezogen, haben Mütze und Schal vergessen und dann wird uns leicht kalt. Das ist die eine Erklärung für die Erkältungszeit.

Erkältet zu sein ist unangenehm und richtig blöd. Die Augen sind müde, der Kopf tut manchmal weh, die Nase läuft, ist verstopft, man bekommt nicht so richtig Luft. Ein quälender Husten lässt einen dann auch nicht richtig schlafen.

All diese Beschwerden kennst du bestimmt auch.

Versuche die Zeit, in der du dich so unwohl und angeschlagen fühlst, von einer anderen Seite zu betrachten: Erkältet zu sein bedeutet für den Körper sich zu reinigen. Überflüssiger Schleim und Bakterien werden durch den Infekt aus dem Körper transportiert. Dein Abwehrsystem muss auf Hochtouren arbeiten, ganz besonders dann, wenn du auch noch Fieber bekommst.

Dann bleib doch einfach mal im Bett, lass dich verwöhnen und mach es dir gemütlich, lies Bücher oder höre Musik. Schlafe viel, ruhe dich aus, und dann wirst du schnell wieder gesund sein.

Warum also über die Erkältung meckern und schimpfen? Wenn sie erst einmal da ist, kannst du sowieso nichts mehr daran ändern.

Sieh es doch positiv. Wisse: Dein Körper braucht diese wenigen Tage, um sich zu reinigen und zu regenerieren. Freue dich über deine Körperreinigung.

13. November

Konzentration, was ist das?

In der Schule hörst du bestimmt manchmal von deiner Lehrerin oder deinem Lehrer: „Konzentrier dich doch endlich mal!", zu Hause sagt deine Mutter bestimmt bei den Hausaufgaben: „So geht das nicht, du musst dich besser konzentrieren!"

Alle reden immer von Konzentration, aber hat man dir eigentlich schon jemals erklärt, wie man sich nun konzentriert? Wie macht man das denn? Alle reden davon, aber wie man es machen soll, das sagt keiner!

Mach doch mal bitte folgende Übung:

Stell dich in deinem Zimmer aufrecht hin, so dass du auch ein wenig Raum hast. Verlagere dein Gewicht auf dein Lieblingsbein. Das andere Bein streckst du nach hinten aus und mit dem Oberkörper kommst du langsam nach vorne, so dass er fast parallel zum Boden ist. Die Arme werden seitlich oder nach vorn ausgestreckt. Nun hast du die Position einer „Standwaage".

Wenn du es ausprobierst hast, wirst du gemerkt haben, dass es eine ziemlich wackelige Angelegenheit war – oder?

Nun ein Tipp: Stell dich noch einmal aufrecht hin. Suche dir an der gegenüberliegenden Wand einen kleinen Punkt. Diesen Punkt beginnst du dann ganz intensiv anzuschauen. Lass dich von nichts ablenken, schau nur diesen Punkt an. Bleib dabei, diesen Punkt zu fixieren, und begib dich dann wieder in die Position der „Standwaage". Du wirst nun feststellen, dass du gar nicht mehr so hin und her wackelst. Das Fixieren deines Punktes hat dir geholfen, entspannter zu stehen.

Du hast also all deine Aufmerksamkeit auf diesen Punkt gerichtet und ihn angeschaut. Dadurch warst du auf einmal ganz ruhig und nicht wackelig! Durch das Ausrichten der Aufmerksamkeit auf einen Punkt hast du deine Gedanken und deinen Körper stabilisiert – und genau *das ist das Geheimnis der Konzentration!*

Wenn du mit all dem, was du tust, ganz aufmerksam bei einer Sache bleibst, dann hast du das Geheimnis der Konzentration verstanden. Durch das Üben der Standwaage kannst du lernen, dich immer besser zu konzentrieren.

Nun kennst du das Geheimnis der Konzentration, übe dich zu konzentrieren.

14. November

In der Ruhe liegt die Kraft

Dies ist eine sehr weise Aussage. Und es ist wirklich so!

Wenn du ganz viel zu erledigen hast und dich sehr beeilen musst, dann passieren oft die dümmsten Fehler und manchmal geht sogar alles total schief.

Egal, unter welchem Zeitdruck du bist, auch wenn du das Gefühl hast, nicht alles zu schaffen, was zu erledigen ist, dann nimm dir gerade dann ein paar Ruheminuten. Setz oder leg dich ganz entspannt hin, und nimm ein paar lange, tiefe Atemzüge. Bringe mit der Atmung deinen Wirrwarr im Kopf zur Ruhe. Versuche zu entspannen, schließe vielleicht auch die Augen und denke an etwas total anderes, an etwas besonders Schönes.

Nach nur ein paar Minuten (!) kannst du weitermachen, und du merkst, wie leicht plötzlich alles geht. Das Chaos scheint wie aufgelöst zu sein.

Denke immer daran: In der Ruhe liegt die Kraft.

15. November

Zauberformeln

Zauberformeln sind besondere Botschaften, mit denen du dich sozusagen „programmieren“ kannst. Einen Computer kann man beliebig programmieren. Genauso kannst auch du deine Festplatte, dein Gehirn, mit positiven Botschaften programmieren.

Zauberformeln, auch Affirmationen genannt, sind immer positive Botschaften. Sie enthalten Dinge, die du gerne erreichen möchtest, oder Eigenschaften, die du gerne bei dir entwickeln möchtest. Diese Zauberformeln können in einigen Situationen sehr hilfreich sein.

Eine Affirmation sollte *niemals* „nein, nicht oder kein“ beinhalten, vielmehr: „ich bin, ich will, ich kann“.

Du kannst dir deine eigene Affirmation ausdenken, mit einer Unterstützung oder einem Ziel, was du erreichen möchtest.

Beispiele für Affirmationen:

* Ich bin gesund, glücklich und voller Lebensfreude.
* Ich liebe mich und meine Mitmenschen.
* Ich kann alles, was ich will.
* Ich habe die Kraft, die alles schafft.
* Konzentriert geht's wie geschmiert.
* Wenn ich will, ist alles um mich still.
* Genau geschaut und dann getraut.
* Erst denken, dann tun.
* Mit Mut geht alles gut.

* ....
(erfinde eigene Zauberformeln)

16. November

Rache

Gedanken der Rache, jemandem etwas heimzahlen zu wollen – das sind keine schönen Gedanken.

„Das hat er oder sie mit mir gemacht, das bekommt er/sie zurück!" Kennst du solche Sätze oder Gedanken?

Willst einem anderen Menschen damit schaden oder wehtun? Ist es wirklich ein Wunsch, dass er das Gleiche erfahren oder erleben soll, was mir dir geschehen ist?

In Wirklichkeit schadest du dir aber nur selbst und tust auch dir damit weh. Klingt es unwahr für dich?

Dann überleg doch einmal: Mit dem Plan der Rache oder den Gedanken, wie du anderen etwas zurückzahlen möchtest, schaffst du diese Rachegedanken in dir. Sie toben jetzt in deinem Bauch, und wenn du ehrlich bist, dann spürst du genau, dass es dich sehr aufregt und wütend macht.

Vielleicht kannst du am Abend vor lauter Rachegedanken auch nicht einschlafen. Du schleppst also diese negativen Gedanken in dir herum, und dir geht es nicht gut.

Das ist der Grund, warum *du* mit solchen Gedanken in erster Linie *dir selber* schadest.

Vermeide Gedanken der Rache und des Heimzahlens. Füge dir keine unnötigen Aufregungen oder Schmerzen zu, sorge dafür, dass es dir gut geht.

17. November

Wer einmal lügt

„Wer einmal lügt, dem glaubt man nicht" ist eine uralte Volksweisheit, an der sehr viel dran ist.

Eine Geschichte als Beispiel:

Angrenzend an ein kleines Dorf liegt eine Schafweide mit vielen Schafen. Ein Hirtenjunge muss immer auf die Schafherde achtgeben.

Einer der Hirtenjungen ist ein besonderer Schelm: Ein paar Mal hat er einfach so zum Spaß: „Ein Wolf!!" geschrien. Das sollte natürlich ein Witz sein und war gelogen. Jedes Mal sind die Männer aus dem Dorf bewaffnet zu der Schafweide gelaufen, um den Wolf zu vertreiben. Aber es war kein Wolf da und die Männer waren vergebens gekommen.

Eines Abends schrie der Hirtenjunge wieder: „Ein Wolf!" Keiner nahm es ernst. Die Männer dachten, der Hirtenjunge würde wieder seine Witze machen. Doch diesmal war der Wolf wirklich da. Er hatte großen Hunger und wollte etwas fressen. Am nächsten Morgen war etwas Schreckliches zu sehen, viele tote Schafe lagen auf der Weide.

Verstehst du die Bedeutung der Aussage: „Wer einmal lügt, dem glaubt man nicht"?

Sage niemals etwas Unwahres, auch nicht einfach so zum Spaß. Egal, was du zu sagen hast, sag lieber die Wahrheit.

18. November

Mit gutem Beispiel voran

Du erwartest von deinen Freunden auch ein bestimmtes Verhalten. Sie sollen sich genau so korrekt benehmen, wie du es dir vorstellst oder wie du es von ihnen erwartest.

Aber anstatt eine Erwartung zu haben, benimm *du* dich doch erst einmal so. Du kannst ein gutes Beispiel für faires und korrektes Benehmen sein.

So können deine Freunde von *DIR* lernen, ohne dass du deine Freunde zu verändern brauchst.

Wenn es auch vielleicht nicht beim ersten Mal klappt, bleib bei deinem „Guten-Beispiel-Verhalten", und irgendwann werden deine Freunde es gut finden und sich auch fair dir gegenüber benehmen.

Dann sind sie auch für andere ein gutes Beispiel. So werden das faire Verhalten und das gute Beispiel immer weitergetragen.

Sei in deinem Verhalten immer ein gutes Beispiel für andere.

19. November

Der Anfang

Du hattest sicherlich schon einmal Streit mit einem Menschen, den du sehr gerne magst. Du hast dich dann ganz unglücklich und richtig traurig gefühlt. Vielleicht hast du dich auch ganz unwohl im Bauch gefühlt?

Nach dem Streit seid ihr euch dann vielleicht sogar aus dem Weg gegangen, weil ihr nicht mehr miteinander geredet habt. Aber so wirklich gut hat sich niemand dabei gefühlt.

Warum also dann nicht den Anfang wagen und auf die andere Person zugehen? Fällt es dir schwer, ein Gespräch zu beginnen, dann lass dein Herz doch sprechen. Oder schreibe einen Brief, male ein Bild, pflücke eine Blume… und suche dann das Gespräch.

Jeder Anfang ist schwer. Mach *du* den Anfang und versuche den Streit aus dem Weg zu räumen. Egal, was dabei herauskommt, du wirst dich auf jeden Fall besser fühlen.

Finde du den Anfang.

20. November

Vorbilder / Idole

Junge Menschen mögen Idole. Vorbilder oder Idole können manchmal wichtige Menschen im Leben sein.

Du magst einen Rockstar ganz besonders gerne, oder du kennst einen Menschen, der besondere Fähigkeiten hat. Vielleicht ist es auch dein Trainer oder deine Trainerin beim Sport.

Deine Vorbilder oder deine Idole such dir aber bitte ganz sorgfältig aus! Es kann kein tolles Vorbild sein, wenn es ein Jugendlicher ist, welcher schon Alkohol trinkt oder Zigaretten raucht. Menschen, die anderen wehtun oder ihnen etwas stehlen, können auch keine Vorbilder sein. Rüpelhaftes Benehmen ist auch nicht als Vorbild anzusehen.

Vorbilder sollen in ihrem Verhalten wirklich „vorbildlich" sein, zum Beispiel Menschen, die hilfsbereit, liebevoll, korrekt und ehrlich sind. Menschen, die wirklich ein offenes Herz haben und sich nicht nur um Geld und Reichtum kümmern.

So, wie dein Vorbild ist, möchtest du ja auch sein oder einmal werden....

Suche dir ganz bewusst deine Vorbilder aus.

21. November

Zuhören

Du hast bestimmt immer viele wichtige Dinge zu erzählen. Genauso wichtig wie das Erzählen ist aber auch das Zuhören. Wenn dir jemand etwas mitteilen möchte, höre wirklich mit deinen Ohren und deinem Herzen zu. Unterbrich nicht ständig, weil du Ähnliches erlebt hast, sondern höre einen Moment einfach nur zu.

Wirklich von Herzen und aufmerksam zuzuhören ist eine sehr besondere Eigenschaft.

Sehr wenige Menschen hören noch richtig zu. Sie haben keine Zeit, keine Lust oder es fehlt einfach das Mitgefühl. Zuhören bedeutet mit der Aufmerksamkeit wirklich ganz bei der anderen Person zu sein.

Versuche immer wirklich mit deinen Ohren und deinem Herzen zuzuhören, wenn dir jemand etwas mitteilen möchte.

22. November

Wie ein hilfloses Lämmchen

Wenn du dich in irgendeiner Situation nicht gut fühlst, vielleicht sogar eher ängstlich, oder es ist etwas total daneben gegangen, dann stell dich nicht wie ein kleines, hilfloses Lämmchen hin und weine oder sei verschüchtert ....

Du hast doch einen Kopf zum Denken und einen Mund zum Reden. Dein Schutzengel gibt dir Kraft und Energie und dann hast du die Kraft, eine eigene Lösung zu finden. Es gibt für alles immer eine gute Lösung.

Nimm in solch einer Situation ein paar lange, tiefe Atemzüge und überlege, wie du nun vorgehen könntest. Wenn du gar nicht zu einer Lösung kommst, dann bitte jemanden um Hilfe.

Sei kein hilfloses Lämmchen (denn das bist du nun wirklich nicht!), überlege dir lieber etwas und handle.

Sorge dafür, dass es dir wieder gut geht. Fühl dich nicht als hilfloses Lämmchen, sondern lieber wie ein starker Löwe.

23. November

Teamgeist

Einen *Teamgeist* zu haben bedeutet, etwas in der Gemeinschaft zusammen zu machen. Etwas miteinander zu machen oder sich gegenseitig zu helfen ist etwas Besonderes und sehr wichtig. Etwas miteinander machen ist in der heutigen Zeit sehr kostbar und manchmal selten geworden.

Es ist immer öfter zu beobachten, dass viele Menschen lieber etwas alleine unternehmen. Sie spielen alleine an dem Computer, schauen Fernsehen oder gestalten sich ein neues Leben in der virtuellen Welt. Statt eine persönliche Unterhaltung zu führen, wird lieber für sich alleine gechattet.

Bei all diesen Unternehmungen fehlt aber die Gemeinsamkeit, der persönliche Austausch, das gemeinsame Lachen, sich gegenseitig zu helfen oder einfach nur füreinander da zu sein.

Mit anderen Menschen etwas Gemeinsames zu machen ist wichtig. Auch wenn es immer wieder Zeiten gibt, in denen es auch wichtig ist, für sich alleine zu sein. In der Gemeinschaft macht vieles einfach mehr Spaß und durch den Austausch kann man auch einiges voneinander lernen.

Schätze den Wert der Gemeinschaft und zeige auch deinen *Teamgeist.*

24. November

Etwas wegnehmen

Wenn jemand dir dein Lieblingsspielzeug wegnimmt, wie fühlst du dich dann? Du bist sicherlich sehr traurig und das entwendete Teil fehlt bestimmt sehr. Überlege einmal genau, wie du dich fühlst. Vielleicht ist dir ja auch schon mal etwas weggenommen worden.

Da du ganz bestimmt nicht möchtest, dass auch andere sich so traurig fühlen, nimm du niemals anderen etwas unrechtmäßig weg. Etwas einfach zu nehmen ist Diebstahl und nicht nur eine Straftat, es macht andere auch sehr traurig.

Anstatt zu stehlen, kannst du es dir ja mal ausleihen oder auch wünschen, wenn du es unbedingt haben möchtest.

Wenn du nicht möchtest, dass dir jemand etwas stiehlt, dann nimm auch du niemals anderen etwas weg.

25. November

Verzeihen

Bist DU mit Worten verletzt worden,
bist DU ungerecht behandelt worden,
bist DU geärgert oder gehauen worden,
bist DU angelogen worden,
bist DU bestohlen worden,
bist DU ausgenutzt worden,

bist DU ....

Viele Dinge können dir geschehen und *du* kannst es manchmal nicht ändern. Du bist nicht dafür verantwortlich, andere Menschen haben ja etwas gemacht. Diese Menschen kannst du nicht ändern, aber du kannst dafür sorgen, dass die anderen Menschen verstehen, dass sie so etwas mit dir nie wieder machen dürfen.

Bist du einmal blöd behandelt worden, bringt es auch nichts, wenn du dich sehr lange ärgerst oder wütend bist. Es bringt deine Gefühle nur noch weiter zum Kochen....

Das Zauberwort heißt: verzeihen.

Verzeihe den Menschen, was sie dir (vielleicht unbewusst) angetan haben. Verzeihen heißt ja nicht, dass du es gutheißt, was sie getan haben, und dass du mit diesen Menschen immer noch zusammen sein möchtest. Aus dem Herzen verzeihen bedeutet, keine Wut mehr in sich zu haben. Verzeihen ist eine sehr weise Handlung, denn du wirst dann auch nicht mehr innerlich so aufgewühlt und durcheinander sein.

Sei weise und verzeihe von Herzen!

26. November

Körper – Geist – Seele

Damit es dir richtig gut geht, müssen drei Bereiche in Harmonie sein:

dein Körper – dein Geist – deine Seele.

Beim Sport oder beim Toben werden deine Muskeln (*dein Körper*) trainiert.

In der Schule (manchmal auch schon im Kindergarten) wird überwiegend das Denken (*dein Geist*) gefordert.

Das Empfinden (*deine Seele*) verkümmert manchmal. Gefühle zu haben oder zu zeigen wird oft nur belächelt, ist aber für eine gesunde Entwicklung sehr wichtig, egal, ob groß oder klein – egal, ob Junge oder Mädchen, Mann oder Frau.

Mach dir aber bitte bewusst, dass es dir nur gut gehen kann, wenn Körper, Geist und Seele gleich viel Bedeutung bekommen und ganz ausgewogen sind, so wie auf einer Waage. Dann ist alles in Harmonie.

Sorge für deinen Körper, deinen Geist und auch deine Seele. Alles soll die gleiche Aufmerksamkeit und Wichtigkeit bekommen.

Sei in Harmonie.

27. November

Sternschnuppen

Es gibt besondere Zeiten, in denen einige Sternschnuppen vom Himmel rieseln. Im November kannst du auch das Glück haben, Sternschnuppen zu beobachten.

Du musst aber schon etwas Geduld haben, wenn du in den dunklen, klaren Nachthimmel schaust. Sternschnuppen sind nicht immer da. Aber tausende von wunderschönen Sternen mit ihren Sternbildern sind zu entdecken. Je länger du in den Himmel schaust, je mehr glitzernde Sterne werden sichtbar. Mit etwas Glück wirst du eine Sternschnuppe sehen. Dieser Moment ist aber nur sehr kurz.

Die überlieferten Geschichten sagen, dass man für jede entdeckte Sternschnuppe einen Wunsch frei hat.

Entdeckst du eine Sternschnuppe, dann denke sofort an einen besonderen Wunsch und lass dich überraschen, ob er in Erfüllung geht.

Genieße die Unendlichkeit des Himmels, das Glitzern der Sterne und halte Ausschau nach einer Sternschnuppe.

28. November

Zeitmangel

Es gibt Momente, in denen deine Eltern sehr viel zu organisieren oder zu tun haben. Es sind wichtige Dinge, die gemacht werden müssen. Dann kann es sein, dass in diesem Moment nicht so viel Zeit für das gemeinsame Spiel, Geschichten oder andere Dinge übrig bleibt.

Wenn es einmal so sein sollte, dann wisse: Deine Eltern lieben dich aber trotzdem und du bist ihnen sehr wichtig. Freue dich einfach auf den nächsten oder übernächsten Tag, dann ist wieder Zeit für gemeinsame Dinge da.

Wenn es aber einmal ganz lange so ist und der Zeitmangel deiner Eltern nicht absehbar scheint und du ganz unglücklich bist, dann mach deine Eltern doch freundlich darauf aufmerksam. Vielleicht merken sie es in ihrem Arbeitseifer gar nicht, dass du mehr Zeit und Zuwendung möchtest.

Egal, wie viel Zeit deine Eltern für dich haben und wenn auch mal ein Zeitmangel herrscht:

Deine Eltern lieben dich.

29. November

Lösung finden

Es gibt immer Situationen in deinem Leben, in denen du eine Lösung finden musst. Vielleicht ist es etwas Schwieriges oder ein Problem oder einfach nur eine Aufgabe, die einer Lösung bedarf. Bei allen Dingen kannst du dich von anderen Menschen beraten lassen oder dir Unterstützung holen. Aber die Situation kannst nur *du* letztlich alleine lösen.

Versuche auch niemanden vorzuschicken oder dich vor der Situation zu drücken. Wenn dies deine Strategie ist, dann wirst du immer wieder versuchen, dich wie ein Häschen zu verkriechen oder wie ein Vogel Strauß den Kopf in den Sand zu stecken. Jeder junge Mensch erlebt immer wieder Aufgaben, und genau an solchen Aufgaben soll man sich entwickeln und immer mutiger werden.

Trau dir ruhig etwas zu, sprich dir innerlich Mut zu und vertraue auf die Lösung.

30. November

Schon ausprobiert?

Wie kannst du behaupten, dass du etwas nicht verstehst oder nicht kannst, wenn du es noch niemals ausprobiert hast?

Nur anzunehmen, dass es klappen könnte, ist zwar eine Möglichkeit, aber wirklich etwas verstehen kannst du nur, wenn du es auch machst oder ausprobierst.

Ein Beispiel hierzu:

Ein Erwachsener erklärt dir ganz ausführlich die physikalische Funktion eines Klingelknopfes. Nun sollst du dir das Geräusch des Klingeltones vorstellen. Das ist alles sehr theoretisch und schwer zu verstehen.

Auf einen Klingelknopf zu drücken, erzeugt ein Signal. Dieses Signal kannst du aber erst hören, wenn du es ausprobiert hast. Es funktioniert – es klingelt.
Mit dem Hören erkennst du das Klingelsignal, aber auch nur, weil du den Vorgang ausprobiert hast.

So ist es mit vielen Dingen im Leben. Du verstehst sie nur, wenn du es erlebt oder ausprobiert hast.

Sage nicht einfach: Verstehe ich nicht, kann ich nicht – probiere es aus.

1. Dezember

Kleines Lichtlein

Die Adventszeit ist eine sehr kuschelige Zeit. Es wird früh dunkel, schon am Nachmittag, und dann werden die kleinen Kerzen angezündet. Das Licht der Kerzen sorgt für eine sehr heimelige Stimmung und man fühlt sich einfach geborgen. (Achtung: Wenn Kerzen angezündet werden sollen, dann aber nur, wenn ein Erwachsener dabei ist. Zünde niemals ohne Aufsicht alleine eine Kerze an. Lasse auch niemals eine Kerze alleine im Raum brennen. Das kann sehr gefährlich sein!)

Täglich werden die Kerzen neu angezündet. Selbst nur ein einziges Kerzenlicht kann einen dunklen Raum mit Licht erfüllen und zum Strahlen bringen.

Von einer Kerze kannst du viel lernen: Wenn du dich mal nicht so gut fühlst (du fühlst dich innerlich irgendwie ganz dunkel), dann stell dir doch vor, wie in dir ein kleines Lichtlein anfängt zu leuchten. Aus dem kleinen, nur vorgestellten Lichtlein wird dann ein großes, strahlendes Licht.
Versuche es dir wirklich gut vorzustellen.

Beginne dann zu strahlen und deine innere Dunkelheit mit Licht zu erhellen. Wenn du es dir richtig vorstellst, wirst du dir deinen ganzen Körper ganz strahlend vorstellen. Es ist doch so einfach zu strahlen.

Von deinem erfüllten inneren Licht kannst du noch ganz viel Helligkeit und Strahlen an andere Menschen abgeben.

Lass dein inneres Lichtlein leuchten, dich erfüllen, und strahle.

2. Dezember

Bastelzeit

Die Adventszeit ist eine sehr schöne Zeit, um kreativ zu sein und Dinge zu basteln. Diese können dann am Heiligabend als kleines Geschenk von dir an deine Familie verteilt werden.

Es ist nicht wichtig, wie groß oder teuer ein Geschenk ist. Es ist viel wichtiger zu wissen, dass es vom Herzen kommt und mit Liebe geschenkt wird.

Es ist total schön, wenn Kinder sich etwas ganz Besonderes überlegen und etwas basteln. Auch ein Bild zu malen kann ein sehr schönes Geschenk sein. Diese Dinge kommen wirklich von Herzen, weil sie mit Liebe gestaltet worden sind. Dies ist viel kostbarer als vielleicht ein gekaufter Schokoladenweihnachtsmann oder teure Geschenke.

Überleg dir mal, wie kreativ du sein kannst und was du alles für deine Familie gestalten könntest.

Gestalte etwas von Herzen und mit viel Liebe.

3. Dezember

Kleine Geschenke – große Geschenke

Der Nikolaustag und der Heiligabend nahen und schon bald sind diese Tage da. An diesen Tagen gibt es manchmal kleine Überraschungen oder Geschenke.

Wenn du Geschenke bekommst, dann lege keinen Wert auf die Größe des Pakets. Es ist nicht wichtig, wie groß ein Paket ist. Der Inhalt in einem klitzekleinen Paket kann viel kostbarer für dich sein als ein riesengroßes Geschenk, besonders dann, wenn das kleine Geschenk für dich mit ganz viel Liebe ausgesucht wurde.

Beurteile die Geschenke nicht nach ihrer Größe oder ihrem Preis.

Kleines Geschenk? Großes Geschenk? Ist doch egal, Hauptsache, es kommt von Herzen.

4. Dezember

Auch Eltern brauchen Unterstützung

Im Dezember ist für die Eltern oft eine sehr anstrengende Zeit. Eltern, die berufstätig sind, müssen viel arbeiten, da zum Jahresende noch sehr viel erledigt werden muss. Aber auch die Mutter oder der Vater, die nicht regelmäßig zur Arbeit gehen, müssen trotzdem viel arbeiten und organisieren.

Meistens ist die Mutter öfter zu Hause als der Vater. Sie plant den Einkauf, überlegt sich Weihnachtsgeschenke für die Familie. Sie schmückt die Wohnung weihnachtlich. Sie backt vielleicht Kekse. Sie hat also viel um die Ohren und wirkt manchmal gestresst. Durch diesen Stress kann auch leicht ein Streit entstehen. Wenn es an manchen Tagen Streit gibt, dann fließen auch mal schnell die Tränen.

Wenn du merkst, dass bei dir zu Hause viel zu tun ist und sich der Stress auf eure Stimmung auswirkt, dann biete doch einfach deine Hilfe an.

Auch wenn deine Eltern einmal traurig sind, kannst *du* auch deine Eltern trösten, so wie sie dich trösten.

Auch du kannst deine Eltern trösten oder unterstützen – versuche es mal.

5. Dezember

Über die Liebe

Liebe erzeugt schöne Gefühle in deinem Körper. Du kannst lieben und verliebt sein. Kennst du diese Gefühle?

Deine Eltern hast du lieb.
Du kannst dich selber lieb haben.
Du kannst aber auch in einen Jungen oder ein Mädchen oder sogar in ein Tier verliebt sein.
Du kannst auch Bäume oder Steine lieben.

Du kannst eigentlich alles lieb haben.

Liebe ist etwas sehr Schönes.
Liebe ist unendlich und auf nichts begrenzt.
Liebe ist und darf immer da sein.
Liebe macht das Leben schön.
Liebe kostet nichts.

Lass die Liebe zu deinem Leben gehören.

6. Dezember

Glaubst du an den Nikolaus?

Heute ist Nikolaus-Tag, es ist vor allem ein Tag der Kinder, da Nikolaus seit Jahrhunderten als Wohltäter der Kinder verehrt wird. Der Nikolaustag wird regional unterschiedlich begangen.

Nikolaus wird in Deutschland oft nach einem traditionellen Brauch gefeiert: Wenn deine Schuhe ordentlich geputzt sind, dann wird der Nikolaus dir etwas hineinlegen. Sind deine Schuhe schmutzig, dann gibt es eine Rute.

Über so eine Überraschung am frühen Morgen freut man sich ganz besonders, stimmt`s?

Glaubst du an den Nikolaus?

Ob es ihn wirklich gibt oder nicht, ist es denn so wichtig?

Ist es für dich nicht einfach nur von Bedeutung, dass du dir in Gedanken alles vorstellen kannst, was du möchtest. Wenn am 6. Dezember morgens eine Überraschung vor deiner Tür oder in deinem Schuh liegt, dann freue dich und danke dem Nikolaus. Ältere Kinder meinen, den Nikolaus gibt es in Wirklichkeit gar nicht, aber in der Welt der Phantasie ist alles möglich.

Wenn andere darüber lachen, dann behalte es für dich und denke daran, dass Menschen ohne Phantasie eigentlich zu bedauern sind.

Behalte deine Phantasie und lerne sie zu schätzen.

Glaube an das, was du dir vorstellen möchtest, heute vielleicht an den Nikolaus.

7. Dezember

Winterblumen – Winterzauber

Wer sagt, dass es im Winter keine Blumen gibt?

Frost, Raureif und Schneeflocken lassen im Winter wunderschöne „Winterblumen" entstehen.

Zarte Halme werden durch die Schneeflocken zu funkelnden Kristallblumen. Auf den Autoscheiben entdeckst du nach einer Frostnacht glitzernde Frostblumenmotive.

Wenn du genügend Phantasie entwickelst, dann erkennst du in den gefrorenen Pfützen bizarre Bilder.

Hat es geschneit, formt der Wind mit dem Schnee magische Zauberlandschaften.

Schau mal, was der Winter noch alles so verzaubert?

8. Dezember

Deine sieben besonderen Blüten

In Indien steht in den Büchern eine uralte Weisheit. Jeder Mensch hat sieben besondere *Blüten,* die die Inder „ Chakren" nennen.

Jede Blüte hat einen bestimmten Platz in deinem Körper und auch eine besondere Farbe. Ist die Blüte geöffnet, dann hast du mit deiner Blüte viel Energie, ist die Blüte geschlossen, dann ist der Bereich eher etwas schlaff. Du kannst deine Blüten unterstützen, indem du ab und zu mal an sie denkst und dir vorstellst, wie sie in den jeweiligen Farben strahlen und weit geöffnet sind.

Jede Blüte hat auch ein spezielles Thema, um dich in deinem Leben und mit deiner Lebensfreude zu unterstützen. Manche Blüten müssen sich auch erst entwickeln.

Deine sieben Blüten:		
1. Blüte	Farbe	Rot
	Platz in deinem Körper	Steißbein bzw. Darmausgang
	Aufgabe	verbindet dich mit Mutter Erde, stärkt deine Lebensenergie
2. Blüte	Farbe	Orange
	Platz in deinem Körper	1 Handbreit unter dem Bauchnabel
	Aufgabe	unterstützt deine Kreativität/Phantasie

Deine sieben Blüten:		
3. Blüte	Farbe	Gelb
	Platz in deinem Körper	3 cm oberhalb des Bauchnabels
	Aufgabe	„deine innere Sonne“, die Schaltstelle deiner Gefühle, der Platz deiner Persönlichkeit – deine Mitte
4. Blüte	Farbe	Grün und Rosa
	Platz in deinem Körper	Brustmitte, in Höhe deines Herzens
	Aufgabe	Platz deiner Gefühle, deines Mitgefühls und deiner Liebe
5. Blüte	Farbe	Hellbau
	Platz in deinem Körper	Halsmitte
	Aufgabe	Ort deiner Ausdruckskraft: klarer Ausdruck
6. Blüte	Farbe	Dunkelblau
	Platz in deinem Körper	zwischen den Augenbrauen über der Nasenwurzel
	Aufgabe	Konzentration und Intuition, Entspannungs- und Meditationspunkt
7. Blüte	Farbe	Lila
	Platz in deinem Körper	Mitte der Kopfoberseite (Fontanelle)
	Aufgabe	verbindet dich mit der inneren Stimme, dem „höheren Selbst“ und dem Kosmos (Engel, Gott, es kann verschiedene Bedeutungen haben)

9. Dezember

Engelchen und Teufelchen

Natürlich versuchen wir uns alle immer vorbildlich zu benehmen. Manchmal sind wir so entzückend wie kleine Engelchen.

Aber das klappt natürlich nicht immer! Wir sind auch manchmal schlecht gelaunt, meckern herum, sind wütend und dann auch manchmal gemein in unserem Umgang mit anderen Menschen. Unser Verhalten ist dann nicht gerade vorbildlich. Im Volksmund heißt es dann: „Der Teufel reitet uns." Dann sind wir wie die kleinen Teufelchen (obwohl die auch ganz niedlich sind).

Das Tolle an der Sache ist, dass wir uns vom Teufelchen jederzeit wieder in ein Engelchen verwandeln können. All die kleinen Teufelchen gehören genauso wie die Engelchen zu unserem Leben. Es gibt eben nicht nur Engelchen.

Engelchen und Teufelchen zu sein macht dein Leben abwechslungsreich und spannend. Und beides gehört irgendwie zueinander.

Genieße es, mal ein Engelchen und auch mal ein Teufelchen zu sein.

10. Dezember

Zufall – oder Fälle, die einem zufallen?

Es passiert etwas Schönes in deinem Leben und du denkst: „So ein schöner Zufall!" Andererseits kann aber auch etwas total Unangenehmes geschehen und du denkst „so ein dummer Zufall!" Solche Situationen sind dir bestimmt bekannt.

Zufällig passiert eigentlich nie etwas. In allem gibt es immer einen Sinn und einen Hintergrund.

Ein Zufall ist eigentlich ein Fall, eine Situation, der/die dir zufällt, also dir geschieht.

Wenn es ein toller Zufall ist, also eine schöne Situation oder Begebenheit ist, dann freue dich über dieses schöne Geschenk, welches das Leben für dich bereithält.

Ist es aber ein dummer Zufall, eine blöde oder peinliche Situation, dann ist es ein Fall, um daran etwas zu lernen. Du sollst eine bestimmte Lernaufgabe bewältigen, um daran innerlich zu wachsen oder mal über dein Verhalten nachzudenken und es das nächste Mal etwas anders zu machen.

Freue dich über alle Zufälle, alles, was dir zufällt, egal, ob blöd oder toll.

11. Dezember

Was du nicht willst

„Was du nicht willst, dass man dir tu, das füge keinem anderen zu."

Dies ist altes Sprichwort – denke mal darüber nach.

Wenn du nicht möchtest, dass man dich ständig ärgert oder veralbert,
dann ärgere und veralbere auch nicht ständig Freunde oder Mitschüler.

Wenn du nicht möchtest, dass man dir Angst macht oder dich schlägt,
dann mach du anderen auch keine Angst oder prügle sie.

Wenn du nicht möchtest, dass man dich mit Sand bewirft oder anspuckt,
dann wirf du auch nicht mit Sand oder spucke andere an.

Wenn du nicht möchtest, dass man dir Sachen in der Schule wegnimmt,
dann nimm auch du keine Sachen weg.

Also: Was du nicht willst, dass man dir tu, das füge keinem anderen zu.

12. Dezember

Wunschzettel

Weihnachten ist gar nicht mehr so weit, es ist das Fest der Liebe. Alle Menschen fühlen sich verbunden und möchten aus dieser Geste heraus auch kleine Geschenke miteinander teilen.

Leider ist in der heutigen Zeit etwas sehr Unglückliches mit dieser alten Tradition passiert: Weihnachten ist inzwischen ein Fest des Konsums und Kaufrausches geworden.

Es scheint, als wollten alle Menschen viele (und teure) Geschenke kaufen, um diese zu verschenken. Dies hat aber nichts mehr mit dem ursprünglichen Gedanken, etwas aus Liebe zu verschenken, zu tun.

Klar, jedes Kind freut sich zu Weihnachten über ein tolles Spielzeug oder ein besonderes Geschenk.

Bleib du aber bescheiden und schreibe nicht gleich 20 Wünsche auf deinen Wunschzettel. Ein oder zwei Wünsche reichen doch auch.

Sei bescheiden und lass dir etwas mit Liebe und von Herzen schenken.

13. Dezember

Sternenkind

Hast du schon einmal in einen klaren Abendhimmel geschaut? Überall funkeln geheimnisvoll die Sterne und vielleicht steht leuchtend der Mond am Himmel.

Das Schönste sind aber all die funkelnden und glitzernden Sterne. Jeder Stern ist anders und einzigartig – so wie du. Sie sind verschieden groß und funkeln auch ganz unterschiedlich.

Jeder Stern hat seinen besonderen Platz am Himmel.

In die Sterne zu schauen ist sehr entspannend und man entdeckt dabei die Weite und die Unendlichkeit des Himmels.

Du kannst dir vorstellen, dass auch du ein besonderes Sternenkind bist und all deine Sorgen, Ängste und den ganzen Alltagsmüll einfach zu den Sternen schickst.

So kannst du dich wieder ganz frei fühlen und genauso funkeln und strahlen wie die vielen Millionen Sterne.

Genieße es, ein Sternenkind zu sein.

14. Dezember

Botschafter sein

In früheren Zeiten gab es in jedem Land viele Botschafter. Sie hatten die Aufgabe, durch das Land zu reisen und Nachrichten weiterzuerzählen und zu verbreiten. Heute gibt es das Fernsehen, das Radio und das Internet.

Trotzdem könntest *du* die Aufgabe übernehmen und ein kleiner Botschafter sein.

Du bist ein besonderes Kind und du weißt, wie wichtig es ist, sich für besondere Dinge einzusetzen. All das, was dir ganz besonders wichtig ist und dir am Herzen liegt, kannst du doch wie ein Botschafter weitergeben. Du könntest anderen Menschen zum Beispiel erzählen, wie wichtig es ist, achtsam mit Mutter Erde umzugehen oder nicht einfach seinen Müll hinzuschmeißen.

Du kannst dein Wissen teilen und an andere Menschen weitergeben, ohne sie belehren zu wollen. Dann bist du ein kleiner Botschafter.

15. Dezember

Lachen – lachen über sich selbst

Das Schönste im Leben ist es zu lachen. Lachen macht glücklich und man fühlt sich dann ganz leicht und frei. Du kannst über komische Situationen oder Witze lachen, du kannst aus Freude lachen oder über Grimassen. Du kannst lachen, weil andere lachen. Lachen kann sehr ansteckend sein.

Egal, worüber du lachst, lerne aber auch über DICH SELBER zu lachen. Lächle über deine Fehler oder wenn etwas daneben gegangen ist. Sagst du in der Schule einmal etwas Komisches und deine Mitschüler müssen darüber lachen, dann lache einfach mit. Lache, anstatt dich zu ärgern. Du wirst merken, wie gut es dir damit geht und wie toll und weise es ist, über sich selbst am lautesten zu lachen.

Wenn du zum Beispiel einmal im Beisein von anderen Kindern in eine Pfütze gefallen bist und alle lachen dich aus, schäme dich nicht, sondern lache über dich selbst am lautesten.

Nimm das Leben nicht zu ernst, lerne, über dich am lautesten zu lachen.

16. Dezember

Schatztruhe

Um eine riesengroße Schatztruhe zu öffnen, braucht man auch einen großen Schlüssel.

Ein Schlüssel öffnet dir eine Tür oder ein Schloss und du kannst sehen, was sich dahinter verbirgt.

Ein Schlüssel kann dir etwas öffnen. Ein Schlüssel ist etwas sehr Wichtiges, auch in deinem Leben.

Sinnbildlich kannst du mit dem richtigen Schlüssel auch die Tür zum Herzen eines anderen Menschen öffnen. Wenn du also einen anderen Menschen in seinem Herzen erreichen möchtest, kannst du das niemals mit Hass, Wut, Gewalt oder ähnlichen Gefühlen erreichen. Versuche mit Frieden, Harmonie, Liebe und allen positiven Gefühlen „die Herzenstüren" anderer Menschen zu öffnen.

Mit diesem besonderen *Schlüssel der positiven Gefühle* werden sich sehr viele Türen in deinem Leben öffnen.

Der Schlüssel zu allem in deinem Leben ist Friede, Harmonie und Liebe, damit kannst du so viele Herzen öffnen.

17. Dezember

Sich verletzt fühlen

Jeder Mensch ist empfindsam. An manchen Tagen kann man mit bestimmten Dingen oder Situationen sehr gut umgehen, und an manchen Tagen ist man so sensibel, dass man sich schnell verletzt oder beschämt fühlt.

Oft ist das Gefühl, verletzt zu sein, zum Beispiel bei einer Abweisung, sehr groß.

Ein Beispiel: Dein Freund oder deine Freundin haben auf einmal keine Zeit für dich, obwohl ihr verabredet wart. Du bist ärgerlich und wütend, aber eigentlich reagierst du so, weil du dich verletzt fühlst. Du fühlst dich zurückgesetzt.

Wenn dir klar wird, dass dieses komische Gefühl da ist, weil du dich verletzt fühlst, dann kannst du es wahrnehmen. Eigentlich brauchst du dich gar nicht verletzt zu fühlen, weil du dich dadurch nicht als schlechtes Menschenkind zu fühlen brauchst. Okay, es ist natürlich doof, dass die Verabredung geplatzt ist. Verabrede dich einfach mit jemand anderem oder mache gerade in dieser Zeit etwas besonders Schönes, was du schon lange tun wolltest, wozu du aber bisher keine Zeit hattest.

Wenn jemand keine Zeit für dich hat, fühle dich nicht zurückgesetzt oder abgewiesen. Wisse einfach, dass du dadurch keine komischen Gefühle haben musst.

18. Dezember

Du bist ein Künstler

Mit allen Dingen, die du malst oder bastelst, bist du ein besonderer Künstler. Sieh deine Kunst als etwas ganz Besonderes an, denn *du bist ein Künstler*.

Gemalte oder gebastelte Dinge sind in ihrer Form und Art immer einzigartig und dadurch etwas Besonderes. Andere können diese Kunstwerke eigentlich gar nicht bewerten. Man kann daran höchstens erkennen, ob du dir Mühe gegeben hast oder nicht, aber man kann nicht sagen, es ist gut oder schlecht. Man darf sagen, ob es einem gefällt oder eher nicht. Aber eine eigene Bewertung oder Noten vergeben darf nur der Künstler selbst.

Leider wird in der Schule und im Kindergarten die Kunst der Kinder bewertet. Lass dich dadurch aber nicht beirren.

Sei stolz auf deine Kunstwerke und fühle dich als Künstler.

19. Dezember

Geld und sparen

Geld wird zum Leben benötigt und dazu, sich besondere Wünsche zu erfüllen. Leider wächst das Geld in unserem Spartopf nicht einfach so nach, dass es immer im Überfluss vorhanden ist.

Also achte auch ein wenig auf dein Geld. Geld zu haben ist keine Selbstverständlichkeit.

Überlege dir sorgsam, ob du nicht auf ein bestimmtes Ziel sparen möchtest. Verschwende dein Geld nicht einfach achtlos, sondern lerne zu sparen, um dir einen besonderen Wunsch zu erfüllen. Umso größer ist dann die Freude, wenn du lange genug gespart hast und dir dann etwas Tolles kaufen kannst.

Sicher sind immer wieder kleinere Wünsche da, die gerade ganz wichtig erscheinen. Lerne abzuwägen, ob es jetzt doch die kleinere Anschaffung sein soll oder du lieber weiterhin auf dein größeres Ziel sparst. Dann musst du erst einmal auf deinen Wunsch verzichten

Zwischendurch darf auch mal ein kleiner Wunsch erfüllt werden, damit man nicht ganz die Lust am Sparen verliert.

Die Erwachsenen haben längst nicht immer so viel Geld, dass sie sich alles kaufen können.

Jeder muss lernen, auf sein Geld zu achten und auch sparsam zu sein.

Achte auf dein Geld und lerne sparen.

20. Dezember

Lass dich nicht beirren

Wenn du dir etwas Schönes vorgenommen hast und davon überzeugt bist, dann lass dich durch Freunde auch nicht beirren. Sie wollen es dir vielleicht ausreden oder sagen zu dir, wie doof es ist. Du kannst jederzeit die Meinung von anderen Menschen anhören, aber lass dir nicht einfach reinreden.

Ein Beispiel: Du hast etwas Tolles für die Schule gebastelt oder gebaut. Es passt genau zu dem Thema, welches ihr gerade im Unterricht behandelt. Es wäre ein voller Erfolg für dich, wenn du zu diesem Thema etwas beitragen und erzählen könntest.

Deine Freundin oder dein Freund sieht es und versucht es dir auszureden, weil sie oder er gerade keinen besonderen Beitrag für die Schule hat (obwohl sie oder er auch gerne etwas mitbringen möchte).

Vielleicht wird er oder sie sagen, wie doof und unpassend es ist, dies mit in die Schule zu nehmen.

Lass die anderen aber reden und lass dich nicht beirren. Du hattest eine gute Idee und darfst auch mit dieser Idee jetzt glänzen und hast Anerkennung verdient.

Also lass dich nicht beirren, mach die schönen Dinge, die du dir vorgenommen hast.

21. Dezember

Sei nicht immer der *Bestimmer*

Sei nicht immer der *Bestimmer* und gib nicht immer beim Zusammensein mit deinen Freunden den Ton an.

Du hast nicht immer Recht und darfst auch nicht immer alles bestimmen.

Es ist beim Zusammensein mit Freunden wichtig, dass jeder seine Meinung und seine Ideen mitteilen darf und dass man einander zuhört.

Beim gemeinsamen Spielen oder Bauen ist jede Meinung und jeder Ratschlag wichtig. Jeder darf seine Ideen mit einbringen, um gemeinsam viel Spaß zu haben.

Wenn einer immer nur der *Bestimmer* sein will, dann werden die anderen Kinder bald keine Freude daran haben, mit diesem zusammen zu sein. Denn wer möchte sich schon ständig bevormunden lassen, was zu tun ist oder nicht, was richtig oder falsch ist oder was gerade gespielt werden darf.

Also sei du kein *Bestimmer* und finde immer ein tolles Miteinander mit deinen Freunden.

22. Dezember

Spiel nicht mit dem Feuer

All die wunderschönen Lichter der Kerzen lassen alles wie verzaubert scheinen. Feuer hat immer etwas Magisches und vom ihm geht eine besondere Faszination aus. Aber dem Feuer sollte man immer mit dem notwendigen Respekt begegnen!

Das Licht des Feuers scheint auch dich zu verzaubern, es wirkt immer sehr anziehend und magisch. Kerzen anzuzünden und dann mit dem heißen Wachs zu spielen bringt Spaß. Draußen ein Lagerfeuer anzuzünden und dann herumzukokeln ist schon spannend und macht ebenso Spaß.

Feuer ist aber nicht nur spaßig, denn es ist heiß und kann auch sehr gefährlich sein. Sei gerade deshalb ganz besonders vorsichtig und umsichtig im Umgang mit dem Feuer. Spiel nicht einfach heimlich mit dem Feuer, du könntest dich verbrennen oder schlimmstenfalls einen Hausbrand verursachen.

Dies hat auch nichts damit zu tun, dass du noch ein Kind bist. Auch unvorsichtige Erwachsene haben schon durch eine Unachtsamkeit ihre Wohnungen und sogar ihr Leben verloren.

Wenn du Kerzen anzünden oder ein Feuer machen möchtest, dann besprich es immer mit deinen Eltern.

Begegne dem Feuer mit dem nötigen Respekt. Sei vorsichtig und umsichtig und spiel nicht mit dem Feuer!

23. Dezember

Gedenklicht

All die vielen Kerzen im Dezember bringen viel Licht in die Wohnungen. Eine Kerze anzuzünden hat aber noch eine andere Bedeutung. Es kann bedeuten: Ich denke an andere oder an jemand anderen.

Wenn eine Kerze als „Gedenklicht" angezündet wird, kann man an einen besonderen Menschen oder auch an andere Kinder dieser Welt denken, denen es nicht so gut geht wie einem selber.

Man kann an all die Menschen ohne Wohnungen denken.

Man kann an all die gequälten oder hungernden Tiere denken.

Man kann an so viele Menschen oder Lebewesen denken...

Du kannst mit einem „Gedenklicht" auch an jemanden aus deiner Familie denken, dem es nicht so gut geht. Oder an Menschen, die gerade nicht bei uns sein können, oder an jemanden, der schon gestorben ist und über die Regenbogenbrücke in das Land des Lichts und der Liebe gegangen ist. Du kannst auch an einen ganz lieben Menschen denken, der gerade nicht in deiner Nähe sein kann.

Zünde dein „Gedenklicht"(aber bitte niemals ohne die Aufsicht eines Erwachsenen!) an und denke an jemanden...

24. Dezember

Heiligabend

Mache den heutigen Tag, den Heiligabend, zu etwas ganz Besonderem. Dieser Feiertag hat eine alte Tradition. So soll es auch noch heute sein.

Versuche mit deiner Familie den Tag so feierlich wie möglich zu gestalten. Nehmt eure Mahlzeiten zusammen ein, geht am Nachmittag vielleicht zusammen in die Kirche, wenn ihr mögt, oder feiert euer Krippenspiel zu Hause.

Versucht doch heute einmal diesen besonderen Tag ganz ohne Fernsehen, Computer und Spielkonsolen zu verbringen.

Macht es euch am Abend gemütlich, wenn die Kerzen am Tannenbaum angezündet werden. Der Heiligabend ist schon ein ganz besonderer Tag.

Versucht alle liebevoll miteinander umzugehen und vermeidet Streitereien.

Freue dich voller Spannung auf die Weihnachtsgeschenke.

Lass den Heiligabend etwas ganz Besonderes sein.

25. Dezember

1. Weihnachtstag – Familientag

Heute ist ein Feiertag. Die Spannung vom Heiligabend ist vorüber und du hast bestimmt ein paar besonders schöne Weihnachtsgeschenke bekommen.

Heute kommen vielleicht Verwandte, Großeltern oder Freunde der Familie zu Besuch. Sei nicht genervt darüber, weil du nicht zu deinem besten Freund oder deiner Freundin darfst. Freue dich über die gemeinsame Zeit mit deinen Großeltern und Verwandten. Wenn dir langweilig ist, dann schlage eine gemeinsame Aktivität vor, an der alle ihre Freude haben. So ein Familientag muss nicht stinklangweilig sein. Es kommt auf dich an, welche Vorschläge du machst, was ihr gemeinsam tun könnt. An manchen Tagen ist es auch einfach schön, einmal ganz gemütlich mit der ganzen Familie zusammen zu sein.

Überleg dir etwas Schönes für den Familientag.

26. Dezember

Der Ton macht die Musik

„Der Ton macht die Musik", das ist ein bekannter Ausspruch. Er bedeutet, dass es immer darauf ankommt, *wie und in welchem Ton* man etwas sagt.

Den gleichen Satz mit dem gleichen Inhalt kann man auf unterschiedliche Weise sagen. Es kann einmal freundlich, frech oder cool klingen.

Wenn du also von deinen Eltern oder Freunden scheinbar missverstanden wirst, dann überleg dir doch einfach mal, *wie* dein Ton gerade war?

WIE hast du WAS gesagt?

Vielleicht hast du es nur gut gemeint und wolltest etwas Wichtiges beitragen, aber dein Ton war so daneben. Dann kann es sein, dass es total anders angekommen ist, als du es in Wirklichkeit gemeint hast. Nun wunderst du dich über die merkwürdige Reaktion der anderen….

Denk immer daran, WIE du WAS sagst, denn *der Ton macht die Musik.*

27. Dezember

Schlafen gehen

Jeder Tag bringt immer neue Abenteuer mit sich, dennoch geht auch jeder Tag einmal zu Ende. Für Kinder meistens etwas früher, dann heißt es Schlafenszeit. Das ist genau die Zeit, in der in einigen Familien immer Diskussionen beginnen, weil die Kinder lieber noch länger aufbleiben wollen.

Schlaf ist sehr wichtig für die körperliche Gesundheit. Im Schlaf tanken wir Kraft für den neuen Tag, der Körper kann sich regenerieren und Erholung finden. Unsere Gedanken kommen zur Ruhe, damit wir ganz frisch und erholt am nächsten Morgen aufwachen.

Kinder sind noch im Wachstum und der Körper muss sehr viel leisten. Deshalb ist es besonders wichtig, dass Kinder auch reichlich Schlaf bekommen.

Wenn du es aus diesem Blickwinkel siehst, fällt es dir bestimmt leichter, ab sofort rechtzeitig ins Bett zu gehen (natürlich darf es am Wochenende Ausnahmen geben!)

Gute Nacht.

28. Dezember

L – Worte

Es gibt Worte, die „L-Worte“, die sind einfach schön und wichtig für unser und für dein Leben.

Denk mal über die „L-Worte“ nach:

Lachen

Laben

Liberal

Loslassen

Lebensfreude

Leichtigkeit

Leidenschaft

Lebendig

Leben

Liebe

Findest du weitere schöne „L-Wörter“?

Lass die „L-Wörter“ auch in deinem Leben sein.

29. Dezember

Übermut tut selten gut

Das alte Jahr neigt sich langsam dem Ende zu. Nach der ruhigen und besinnlichen Weihnachtszeit beginnt man jetzt, sich auf die Verabschiedung des alten Jahres vorzubereiten. Mit großer Freude werden Feiern für den Silvesterabend geplant. Schon vor Silvester beginnen einige Menschen mit der unerlaubten Knallerei mit Silvesterböllern.

Der Sinn, am Silvesterabend zu knallen, liegt darin, mit *Knallen* und *Lärm* dem alten Jahr auf Wiedersehen zu sagen und freudig das neue Jahr zu begrüßen. Es ist ein sehr schöner alter Brauch, der in der heutigen Zeit leider übertrieben wird. Sehr viel Geld wird für Silvesterböller ausgegeben. Schon Tage vorher wird übertrieben viel geknallt. Das Schlimmste an der ganzen Sache sind die vielen Unfälle mit den Silvesterböllern. Kinder und Jugendliche werfen Knaller und experimentieren damit herum oder erfinden die allerkühnsten (meinen sie wenigstens) Knallmöglichkeiten. Sie werden immer übermütiger, einer will toller sein als der andere. Und dann passieren Unfälle mit allerschlimmsten Verletzungen, Verbrennungen, Taubheit, verlorenem Augenlicht oder sogar Unfällen, die mit dem Tod enden.

Wenn DU das alte Jahr auch mit einem Knaller verabschieden möchtest, dann mache es mit Achtsamkeit und auch nur, wenn Erwachsene dabei sind und es auch erlauben.

Traue dich nur mit einem Knaller zu hantieren, der für dein Alter empfohlen ist.

Knalle niemals aus Spaß oder um andere Menschen oder Tiere zu erschrecken oder um Blödsinn zu machen. Mit Knallern kann wirklich so viel Schlimmes passieren.

Es ist auch nicht schön zu beobachten, wie übermütig und leichtsinnig manche Kinder, Jugendliche und Erwachsene mit Knallern umherschmeißen.

Übermut ist Mut mit gefährlichem Leichtsinn.

Mut mit Überlegung und Achtsamkeit wird dich fördern.

Sei achtsam und bewusst und wisse: Übermut tut selten gut.

30. Dezember

Bilanz ziehen

Zum Jahresende errechnet jede Firma und jedes Unternehmen ihre eigene Bilanz. Da wird genau ermittelt, welche Ausgaben die Firma hatte und wie hoch die erzielten Gewinne, aber auch Verluste sind.

Bei jeder Firmenbilanz gibt es immer zwei Hauptspalten, eine Art Gegenüberstellung, die den Gesamtzustand der Firma widerspiegeln.

Du könntest dir jetzt zum Jahresende auch eine Bilanz mit einer Gegenüberstellung der besonders schönen Ereignisse und der unangenehmen Ereignisse zusammenstellen.

Denk noch einmal daran: Wie war dieses Jahr für dich? Was ist alles in diesem Jahr passiert, was hast du erlebt, was war besonders?

Meine Bilanz:

Besonders toll war:	Besonders blöd war:
....	....
....	....
....	....

Wenn du möglichst viele Beispiele sammelst, dann wird dir noch einmal bewusst, dass du einige blöde Dinge erlebt hast, aber auch viele besonders tolle Dinge, die leider viel zu schnell vergessen werden.

Versuche deine Bilanz zum Jahresende zu finden.

31. Dezember

Silvester – neue Vorsätze und Ideen

Heute geht die große Feier los, das alte Jahr wird verabschiedet. Alle sind voller Spannung auf das neue Jahr...

Viele Menschen überlegen sich, was sie im neuen Jahr alles verändern möchten. Sie finden sogenannte „gute Vorsätze" für das neue Jahr.

Nachdem du deine Bilanz vom alten Jahr gezogen hast, überlege dir doch einfach ein paar „gute Vorsätze". Was möchtest du im neuen Jahr positiv verändern?

Möchtest du zum Beispiel

- sparsamer sein
- mehr für die Schule lernen
- mehr Spaß mit Freunden haben
- gemeinsame Zeit mit den Eltern verbringen...?

Finde deine eigenen guten Vorsätze und schreibe sie auf.

Genauso kannst du auch den ganzen blöden Kram, alles was dich in diesem Jahr genervt hat und nicht so schön war (siehe deine Bilanz), aufschreiben und dich dann ganz bewusst davon verabschieden. Den Zettel kannst du in viele kleine Schnipsel zerreißen oder im Beisein deiner Eltern verbrennen. Was du aufgeschrieben hast, geht wirklich nur dich etwas an.

Wenn du dir den alten Kram durch das Aufschreiben bewusstmachst und dich davon trennst, indem du den Zettel zerreißt oder verbrennst, dann lässt du diesen Krempel auch gedanklich los und schleppst diesen Ballast nicht mehr in deinen Gedanken mit dir herum.

So bist du frei für deine „guten Vorsätze" (gute Vorsätze kann man auch an jedem anderen Tag fassen ....)

Einen guten Rutsch ins Neue Jahr!

Weitere Informationen über die Autorin:
www.pilguj.de

Weitere Bücher aus dem Verlag Via Nova:

Weisheit auf Samtpfoten

Die Botschaft der Katzen

Sabina Pilguj

Geschenkbuch, Hardcover, 112 Seiten, ISBN 978-3-86616-131-3

Katzen wurden bereits im alten Ägypten vergöttert. Sie strahlen etwas Geheimnisvolles, ja sogar Magisches aus. Sie schlafen bis zu zwanzig Stunden am Tag, aber die restliche Zeit sind sie ganz und gar da, leben im Hier und Jetzt. Wenn sie schnurren, versetzen sie den Menschen in eine zärtliche Schwingung der Zuneigung und der Liebe. Sie verkörpern nicht nur Anmut und Schönheit, sondern auch eine besondere Art zu leben. Genau von dieser besonderen Lebensart können Menschen sehr viel lernen. Die Autorin geht in ihrem Büchlein der Faszination nach, die von einer Katze ausgeht, und überträgt ihr Verhalten auf die Menschen.Am Ende einer jeden Beschreibung der Verhaltensweisen von Katzen, wie z.B.Vertrauen, Entschlossenheit, Entspannung, Lebensfreude, bedingungslose Liebe, Hingabe, formuliert die Verfasserin dann daraus sich ergebende, für den Menschen konkret anwendbare Lebensweisheiten.

Meine Hände helfen und heilen

Jin Shin Jyutsu®

Selbsthilfe für Kinder und Jugendliche

Tina Stümpfig-Rüdisser

Paperback, 120 Seiten, über 100 vierfarbige Fotos, ISBN 978-3-86616-116-0

Wenn die Energie frei im Körper fließt, fühlt sich der Mensch gesund und wohl. Energieblockaden können zu Missstimmungen, Ängsten oder Konzentrationsschwächen führen, aber auch zu organischen Störungen und Krankheiten. Mit diesem Buch, entstanden aus vielen Jin Shin Jyutsu- Selbsthilfekursen, will die Autorin speziell Kindern und Jugendlichen Möglichkeiten aufzeigen, wie sie selbst ihre Lebensenergie wieder ins Gleichgewicht bringen können, mit Ängsten,Wut,Trauer u. a. umgehen und bei verschiedenen Krankheiten ihre Selbstheilungskräfte aktivieren oder sogar bei Schulproblemen sich selbst helfen können. Mithilfe von Fotos und Erklärungen lernen sie, sich selbst eigenverantwortlich wahr- und ernstzunehmen und mit einfachen Handgriffen in Harmonie und Entspannung zu bringen, eine wertvolle Ergänzung zu herkömmlichen Heilmethoden.

Mit Kindern Spiritualität leben

Cornelia Miskiewicz

Hardcover, 184 Seiten, ISBN 978-3-936486-54-4

Kinder unserer Zeit werden immer offener für die geistige Welt. Sie machen sich Gedanken und haben Erlebnisse und Gefühle, die sie mit Erwachsenen oft nicht teilen können. Dieses Buch will einen gemeinsamen Weg ermöglichen. Die Verbindung von esoterischem Allgemeinwissen und Christentum ist wohl einmalig und ein realistischer Ausgangspunkt für eine Spiritualität, die im Alltag gelebt werden kann. Das Buch enthält Briefe von Eltern und Briefe an Kinder über grundlegende spirituelle und religiöse Themen in kindgerechter Sprache: Wo kommen wir her? Tod, Engel, Elfen, Gebet, Meditation, Chakras. Die Liebe zu Gott und zu allen Geschöpfen auf dieser Erde! Dies ist ein Buch mit einem neuen Konzept! Voller Erlebnisse mit Kindern wird es den Leser und seine Kinder ermutigen, die eigene spirituelle Dimension anzunehmen und zu leben.

Spirituelle Erziehung

Hilfreiche Ratschläge – Praktische Weisheit

Lee Lozowick

Gebunden, 312 Seiten, ISBN 978-3-928632-51-5

Praktischer Ratgeber für Eltern und Erzieher, die im Umgang mit Kindern ein größeres Maß an Bewusstheit, Freundlichkeit und Mitgefühl sowie mehr Ehrlichkeit im Verhältnis zu sich selbst in die Erziehung einbringen wollen. Das Buch will Eltern in ihrer wichtigen Erziehungsarbeit helfen und Kindern einen optimalen Start verschaffen. Dieses Buch richtet sich an all jene, die für die Erziehung Weisung aus einer höheren Ebene empfangen wollen. Spirituelle und bewusste Erziehung könnte man zusammenfassen: Liebe und Zuneigung entwickeln, lebensbejahende Grenzen für unsere Kinder aufzeigen und Ehrlichkeit uns selbst und unseren Kindern gegenüber aufbringen. Hauptelement jeder Kindererziehung ist das Vorbild der Eltern. Da wir unseren Kindern nichts geben können, was wir selbst nicht besitzen, fordert der Autor Eltern und Erzieher dazu auf, die das eigene Leben beherrschende Ichbezogenheit, Ignoranz und mangelnde Bewusstheit genau unter die Lupe zu nehmen, weil sie das Glück und Wohlbefinden unserer Kinder gefährden.

Das Kinder-Yoga-Mitmach-Buch

Mit Freude und Spaß Bewegung und Entspannung erleben

Carmen Ramirez Schmidt

Paperback, Großformat, 112 Seiten, 80 vierfarbige Fotos, ISBN 978-3-86616-117-7

Dieses Buch ist auf Anregung von Kindern aus Kinderyogakursen entstanden und kann sowohl als Einstieg in die Yogapraxis wie auch als Unterstützung oder Begleitung für Kinder, die schon Yoga machen, genutzt werden. Es ist für unerfahrene wie geübte Kinder von 6 bis 14 Jahren geschrieben, aber auch Erwachsene, die mit Kindern ganzheitlich arbeiten, können sich Anregungen aus diesem Buch holen. Die einzelnen Übungen werden in kurzen, leicht verständlichen Schritten erklärt, so dass Kinder und Erwachsene selbstständig die Übungen ausführen können. 70 verschiedene, detaillierte, kindgemäße Abbildungen und Beschreibungen erleichtern das Nachahmen.Auf großen, ansprechenden Fotos zeigen Yogakinder die einzelnen Haltungen.Außerdem enthält es 7 Yoga-Übungssequenzen, die in Form einer zusammenhängenden Geschichte gut nachvollzogen werden können, „Kraftsätze" für eine seelische Unterstützung und auch praktische Anregungen: Mandalas zum Ausmalen, Schutzengel zum Selbergestalten und einiges mehr.

Das Geheimnis der Quelle

Ein Yogamärchen / Barbara Schenkbier

2. Auflage

Gebunden, 144 Seiten, 12 farbige,
ganzseitige Illustrationen und 24 Zeichnungen, ISBN 978-3-9801787-0-9

Barbara Schenkbier ist es in ihrem Buch „Das Geheimnis der Quelle" gelungen, in Märchenform tiefe Lebensweisheiten und die wichtigsten Stufen des Yoga-Weges zu beschreiben. Die Natur in ihrer Vielfalt wird zum Sprachrohr der geistigen Welt. Naturkräfte, Blumen, Tiere und Naturwesen lehren wichtige Hatha-Yogahaltungen, die auch in Abbildungen am Schluss des Buches dargestellt sind. Der Leser lernt die wesentlichen Grundgesetze des Daseins, eine gesunde Lebensweise und Wege zu einem glücklichen, erfüllten Leben kennen. Er erfährt bedeutende Weisheiten der Yoga-Philosophie, und es werden ihm die großen traditionellen Yoga-Wege aufgezeigt. Das Märchen ist ganz durchwoben von zarter Poesie, überraschenden Ideen, tiefgründigen Erkennissen, geistigen Impulsen und spiritueller Kraft.